GÄRTNERTRICKS AUS ALTER ZEIT

blv garten plus

Andrea Kern

GÄRTNERTRICKS AUS ALTER ZEIT

Säen und Pflanzen · Düngen und Pflegen · Ernten und Lagern

blv

Inhalt

Säen und Pflanzen 7

Die Saat geht auf 7
Wachstumsförderndes Kräuterbad 7 – Belebender Kuhmist 9 – Erde vorwärmen 10 – Streicheln macht stark 11 – Spurrinnen im Beet 12 – Fluch oder Segen? 12 – Die Mischung macht's 12 – Hitzefrei für Salat 12 – Ein Lob den Dicken Bohnen 13

Umzug im Garten 15
Nicht ohne Muttererde 15 – Lehmbrei kräftigt 15 – Grünes Fußvolk für Obstbäume 16 – Verpflanzen: nie nach 10 Uhr! 18 – Auf Lücke pflanzen 19 – Lauch: Wurzeln kürzen 20 – Schräg pflanzen 20 – Gurken und Blumenkohl 21 – Erdäpfel aus eigenem Anbau 21

Pflanzen wie am Schnürchen 23
Mit dem Salzstreuer säen 23 – Feinarbeit mit Stricknadeln 23 – Pflanzhölzer 24 – Abstand halten! 25

Sommerfrischler 27
Schmucklilie: grenzenlose Freiheit 27 – Ausflug in den Garten 27

Blüten für die Vase 29
Verfrühen und Hinhalten 29 – Löwenmäulchen antreiben 30 – Mutterkraut im Brautkleid 31 – Bezaubernde Levkojen 31

Dies und Das 32
Weidenkätzchen im Topf 32 – Liguster-Hecken und -Körbe 33 – Grenzgänger 34 – Keine Prügelei ohne Sanikel 35

Mond-Gärtnern 34

Düngen und Pflegen 37

Kompost: Der Kreislauf schließt sich 37
Laub-Kompost 37 – Rasen-Kompost 38 – Schnecken raus oder rein? 38 – Wohin mit dem Mist? 38 – Auch Kleinvieh macht Mist 39

Düngende Pflanzen-Jauchen 39
Das Geheimnis der Klosterschwestern 40 – Man nehme ... 40 – Nur verdünnt anwenden! 42 – Ab in die Tonne 42

Grüne Wegelagerer 43
Platz gemacht! 44 – Giersch-Geschichten 46 – Quecken-Alarm 48

Gießen — aber bitte richtig 50
Was tun bei »Säufern«? 52 – Wasser für den Baum 53
Hacken und Mulchen 53
Kleine Kulturgeschichte der Hacke 53 – Bis zum Hals in Erde 55 – Fitmacher Mulch 56
Dies und Das 57
Gut verschnürt 57 – Haltung bewahren 57
Mond-Gärtnern 58

Vorbeugen und Schützen 61

Auf den Partner kommt es an 61
Magischer Bund oder fauler Zauber? 61 – Gemüse und Obst in guter Gesellschaft 62 – Passende Partner für Kräuter und Blumen 64
Wehret den Anfängen 67
Wunden desinfizieren 67 – Petersilie auf die Sprünge helfen 67 – Verduftet! 67 – Niemals ungestört 68
Ein Schluck auf die Gesundheit 68
Kräuter-Extrakte und -Tees 69 – Aus des Gärtners Kessel 70 – Kompost-Wasser 72 – Moos-Extrakt 73 – Milch gegen Pilze 74
Große und kleine Plagen 74
Ameisen ziehen um 74 – Kartoffel-Wasser gegen Läuse 75 – Drahtwürmer ködern 76 – Wasserscheue Erdflöhe 76 – Begonien gegen Schnecken 76 – Alle Vögel sind schon da 78 – Ausgesperrt! 79 – Wühlmäuse wandern aus 80
Dies und Das 81
Wärmender Fichten-Vorhang 81 – Strohmantel als Sonnenschutz 82 – Frostschutz für die Obstbaumblüte 83

Ernten und Lagern 85

Obst gut aufgehoben 85
Gemüse sicher verwahrt 89
Pflück dir einen Strauß 90
Dies und Das 91
Sicher gebettet 91 – Blühende Zukunft 91 – Gartengeräte pflegen 92
Mond-Gärtnern 92

Bezugsquellen 93

Buschbohnen
Kapuzinerkresse

Säen und Pflanzen

Verhelfen Sie Ihren Pflanzen zu einem guten Start, indem Sie die Samen mit einem Kräuterbad verwöhnen und die Keimlinge regelmäßig streicheln. Alte Gärtnerkniffe erleichtern auch den Umzug aufs Beet und sorgen für üppiges Blühen oder Fruchten.

Für einen schnellen Start und gesundes, kräftiges Wachstum sorgt ein ausgiebiges Bad der Samen in Kräutertee.

Die Saat geht auf

Viele Samen heimischer Gewächse enthalten Stoffe, die das Keimen hemmen. Dies ist von Mutter Natur so eingerichtet, um zu verhindern, dass Keimlinge zu Unzeiten das Licht der Welt erblicken, zum Beispiel mitten im Winter. Erst nachdem sich die Samen mit Wasser voll gesogen haben und die keimhemmenden Stoffe ausgewaschen oder abgebaut wurden, wacht der Keimling auf und arbeitet sich zum Licht vor.

Wachstumsförderndes Kräuterbad

Um ihm diese Schwerarbeit zu erleichtern und um das gleichzeitige Keimen der Samen zu fördern, ließen sich Gärtner allerlei Tricks einfallen. *»Ehe ihr aber zur Aussaat schreitet«,* schreibt Johann Sigismund Elßholtz in seinem Buch vom Gartenbau (1684), *»erfordern alle großen und harten Samen eine Weichung, damit sie desto besser aufgehen oder schönere Blumen oder schmackhaftigere Früchte bringen.«* Zwiebel-Saatgut weichte er in Kuhmist-Wasser ein, Erbsen, Bohnen, Radieschen in Brunnenwasser, Artischocken in Zucker- oder Honig-Wasser.
Alten und vertrockneten Samen, *»so noch etwas Leben vorhanden, geschiehet eine ziemliche Hilfe«* durch Einweichen in abgeseihtem Sauerteig-Wasser. Die Mikroorganismen (Milchsäure-Bakterien, Hefe) im Sauerteig fördern die Keimung, indem sie krank machende Keime von der Samenschale verdrängen und Nährstoffe liefern sowie Schutzstoffe gegen Bodenpilze.

- Schon vor über 2000 Jahren badeten römische Gärtner die Samen von **Gurken, Kürbis, Melonen** und die anderer **Kürbisgewächse** (Cucurbitaceae) in Molke oder **Milch.**
- Schmetterlingsblütler wie **Erbsen, Busch-, Stangen-,**

◀ Der Brauch, mehrere Samen an eine Stelle zu säen (Horstsaat), stammt aus Zeiten, als die Qualität des Saatguts noch zu wünschen übrig ließ.

Den Samen von Kürbissen, Gurken und verwandten Arten hilft Milch auf die Sprünge.

Erbsen, Bohnen, Linsen, Wicken und andere Schmetterlingsblütler bevorzugen ein belebendes Bad in Kamillentee.

Feuerbohnen, Spargelerbsen, Linsen, Puffbohnen *(Vicia faba)* oder **Lupinen** saugen sich vor der Saat am liebsten mindestens eine Stunde lang mit **Kamillentee** voll (2 TL getrocknete Blüten/Tasse, 10–12 Stunden ziehen lassen).

• Baldrian fördert das Wurzelwachstum der Keimlinge und »wärmt«. Dieses Kräuterbad bevorzugen die Samen von **Zwiebeln, Lauch, Tomaten, Paprika, Andenbeere** und **Sommerblumen**. Ein mehrstündiges Vollbad in **Baldrianblüten**-Extrakt verhilft kälteempfindlichen Arten wie **Gurken** oder **Zucchini** auch bei widrigem Wetter zu einem guten Start.

Schachtelhalm-Brühe enthält reichlich Kieselsäure. Sie schützt darin gebadete Kartoffelknollen vor Pilzkrankheiten.

• In der Erde lauern zahlreiche Pilze, die die noch weitgehend schutzlosen Keimlinge angreifen, ihnen die Stängel abschnüren oder die Wurzeln zersetzen. Vor diesen »schwarzen Füßen« oder **Umfall-Krankheiten** schützen **Meerrettich** und **Knoblauch.** Man zerkleinert jeweils 100–150 g möglichst gründlich und übergießt die breiige Masse mit handwarmem abgekochtem Wasser oder mit Regenwasser. Nach 1–3 Stunden seiht man ab. Wurden die Pflanzenteile nur grob zerkleinert, lässt man sie bis zu einem Tag lang ziehen. Im Knoblauch-Bad fühlen sich **Tomaten, Gurken, Zinnien, Rittersporn, Ringelblumen** wohl. Den Samen von Schmetterlingsblütlern und Kohlgewächsen behagt diese Badekur nicht. Das Vorquellen in Meerrettichwasser tut allen Gemüse- und Blumensamen außer Kohlgewächsen und anderen Kreuzblütlern gut.

Einer Badekur in der Kräutermischung Humofix unterziehen sich alle Blumen- und Gemüsesamen gerne.

• Ebenfalls kräftigend und stärkend wirkt eine Samen-Vorbehandlung mit **Ackerschachtelhalm**-Brühe. Die als Unkraut verschriene Pflanze ist reich an Kieselsäure. Das darin enthaltende Silizium bauen die Keimlinge in ihre Zellwände ein und verstärken sie, was Pilzen den Angriff erschwert.

• Die Schwestern in der Benediktiner-Abtei in Fulda gärtnern seit Jahrhunderten naturgemäß und geben ihre Erfahrungen von Generation zu Generation weiter. Sie säen keinen Samen aus, ohne ihn vorher in Kräuter-Tee einzuweichen, wobei sie auf eine alte englische Rezeptur vertrauen, die Baldrianblüten, Schafgarbe, Löwenzahn, Brennnessel, Kamille und Eichenrinde enthält. Ihre Kräuterpulver-Mi-

Im Gewächshäuschen der Abtei Fulda gedeihen unter der liebevollen Obhut von Schwester Paula junge Gemüse- und Blumen-Pflänzchen besonders gut.

schung ist in Tütchen abgepackt unter dem Namen **Humofix** erhältlich. Wie Untersuchungen ergaben, hemmen Schafgarbe und Kamille das Wachstum von Bakterien und Pilzen. Andere Bestandteile des Kräuter-Allerleis fördern pflanzenfreundliche Mikroorganismen, machen die Samenschale durchlässig, regen das Wurzelwachstum an oder helfen den Keimlingen, ihre Abwehrkräfte zu mobilisieren.

In **Humofix-Lösung** schwimmen gerne:

- Kohl, Meerrettich .. 15 Minuten
- Rettich, Radieschen 30 Minuten
- Chicorée, Dill, Fenchel, Endivie, Lauch, Mangold, Paprika, Petersilie, Rote Bete, Salat, Schnittlauch, Tomate, Zwiebel ... 60 Minuten
- Möhre, Sellerie .... 90 Minuten

• In **Kräuter-Sud** vorgequollene Samen keimen nicht nur zügig, sie wachsen auch kräftig und gesund. Da beschädigte und taube Samen an der Oberfläche schwimmen, lassen sie sich während des Bades leicht aussortieren; voll gesogene, gesunde sinken auf den Boden. Die tropfnassen Samen lässt man flach ausgebreitet auf einem Küchentuch aus Papier oder Baumwolle trocknen und sät sie innerhalb eines Tages, da der Keimvorgang bereits begonnen hat.

Belebender Kuhmist

Schon in der Antike war es üblich, Samen in Mist-Wasser quellen zu lassen. Zwischenzeitlich kam diese Methode in Verruf, weil unerfahrene Gärtner das Saatgut stundenlang in unverdünnter Jauche badeten, was den Samen und Keimlingen natürlich den Garaus bereitete. Richtig angewandt, wirkt sie sich aber durchaus günstig auf die Keimung aus.

Für das Samenbad verwendet man Kuhmist, denn nur er enthält eine ausreichend hohe Anzahl jener Mikroorganismen, die Keimung und Wachstum fördern. Da Kühe hoch spezialisierte Pflanzenfresser sind, siedeln in ihren Mägen und in ihrem Darm Bakterien, die das Zerlegen von pflanzlichem Gewebe bis hin zur Spaltung von Zellulose perfekt beherrschen. Der Mensch scheidet diese Ballaststoffe unverdaut aus, da seine Darmbakterien Zellulose nicht zerkleinern können. Früher mangelte es nicht an Kuhmist, und im Gegensatz zu heute wurden die Tiere nicht mit Arzneien wie Antibiotika behandelt oder mit Tiermehl gefüttert.

Bauernregeln

Ab dem 21. Dezember werden die Tage wieder länger: Weihnacht um 'nen Mucken-schritt, Neujahr um 'nen Hahnentritt, Dreikönig um 'nen Hirschensprung, Lichtmess um 'ne ganze Stund.

Nebel im Januar, macht ein nasses Frühjahr.

Reichlich Schnee im Januar, bringt reiche Ernt' im ganzen Jahr.

Ist's zu Lichtmess (2. Februar) hell und rein, wird's noch ein langer Winter sein. Wenn's zu Lichtmess stürmt und schneit, ist der Frühling nicht mehr weit.

Märzenschnee tut den Saaten weh.

Sankt Kunigund (3. März) macht warm von unt'.

Gregor (12. März) zeigt dem Bauern an, dass er im Feld säen kann.

Kuhmist von 1a-Qualität, wie er für das Samenbad benötigt wird, findet man in unserer Zeit nur noch auf Bio-Höfen.

Mist von »glücklichen«, auf der Weide grasenden Kühen ist im Garten vielseitig verwendbar.

Jeder Gärtner hatte sein eigenes gut gehütetes Mist-Wasser-Geheimrezept. Als Faustregel gilt: Eine Schaufel frischen Kuhmist (am besten von Weidetieren) in einen Eimer füllen, mit Wasser aufgießen, kräftig umrühren. Den Eimer an einen warmen Ort (20–25 °C) stellen – früher war das der Kuhstall, heute eignen sich das Gewächshaus, ein warmer Schuppen oder Kellerraum. Täglich kräftig umrühren und darauf achten, dass die Kleidung keine Spritzer abbekommt, um die eigene und fremde Nasen nicht zu belästigen. Nach 3–6 Tagen seiht man das Mist-Wasser ab. Da für Samenbäder nur geringe Mengen benötigt werden, füllt man einen Joghurtbecher, eine aus der Küche ausrangierte Schöpfkelle oder dergleichen mit der Brühe und kippt sie in einen Becher; anschließend füllt man denselben Behälter neunmal mit Regenwasser und gießt es dazu. Neben dieser Verdünnung (1:10) waren Verdünnungen bis 1:20 üblich. Die Badekur dauert 3–24 Stunden; je feiner die Samen, desto früher holt man sie aus dem Wasser. Das überschüssige Mist-Wasser liefert einen guten Dünger für Gemüse und Blumen.
Gärtner haben in heutiger Zeit nur noch beschränkten Zugriff auf Kuhmist. Da Kompost ebenfalls reichlich pflanzenfreundliche Mikroorganismen enthält, lassen sich ähnliche Effekte erzielen, wenn man den Samen mit Kompost-Wasser (S. 72) zu einem guten Start verhilft.

Erde vorwärmen

Sobald die Tage wieder deutlich länger werden, beginnt das Vorziehen auf der Fensterbank. Nun ist im Garten, Schuppen oder Keller gelagerte Aussaaterde meist sehr kalt. Das Keimen beschleunigt, wer die in einen Eimer oder ein Kistchen gefüllte Erde einige Tage lang auf dem

Auf der Fensterbank leiden Sämlinge oft unter Lichtmangel und sind anfällig für Pilzkrankheiten.

Kachelofen, im Heizungskeller oder in einem beheizten Zimmer vorwärmt.
Werden Dahlien im Haus vorgetrieben, um Schnecken ein Schnippchen zu schlagen, wärmt man die Erde ebenfalls vor, bevor man die Knollen in Kisten oder Töpfe pflanzt.

Streicheln macht stark

Damit die Keimlinge auf der Fensterbank oder im Gewächshäuschen kräftig und kompakt wachsen, benötigen sie so viel Licht wie möglich (ohne freilich in der prallen Sonne gebraten zu werden). Fehlt ihnen Licht, strecken sie die Hälse, bilden schwache Stängel und fallen um. Asiaten sagt man eine besondere Hingabe zu Pflanzen nach, und so ist es nicht verwunderlich, dass japanische Gärtner einen liebevollen Weg fanden, ihre Pfleglinge kurz zu halten: Sie strichen – den Wind in freier Natur imitierend – mit einem Fächer oder mit der bloßen Hand täglich zwei-, dreimal mit Nachdruck über den gut belichteten Pflanzennachwuchs. Mit einem Holzstab, einem Brettchen oder einer zusammengefalteten Zeitung erzielt man denselben Effekt. Kräftig gestreichelte Pflanzen wachsen nicht nur kompakter – die regelmäßige Zuwendung kurbelt auch ihre Abwehrkräfte an.

Spurrinnen im Beet

Im Frühjahr, wenn der Boden abgetrocknet ist und keine Klumpen mehr an den Schuhen kleben bleiben, beginnt die Aussaat. Viele Samen bilden erst Wurzeln, bevor sie Blätter und Triebe schieben, um die Nährstoffversorgung zu sichern.
Bis die unterirdischen Teile ihre Arbeit aufnehmen und die Erde nach Wasser und Nährstoffe absuchen können, sind die keimenden Samen auf gleichmäßige Feuchtigkeit in ihrer unmittelbaren Umgebung angewiesen.

① Grobe Schollen zerkleinern
② Mit dem Stiel Rillen ziehen
③ Die Samen einzeln ablegen
④ Nach der Saat gründlich wässern

Gerade Möhren vertrocknen oft während des Auflaufens, noch bevor das erste Grün aus dem Boden spitzt. Deshalb hat es sich bewährt, Gemüse in kleine Rillen zu säen. Dazu zieht man mit der Kante einer Hacke etwa 5 cm tiefe Furchen, gibt die Samen hinein, deckt etwas Erde darüber und drückt sie gut fest, damit die Samen nicht in Luftlöcher ragen. In den Vertiefungen hält sich die Feuchte länger als auf der glatten Oberfläche. Im Laufe weniger Wochen schwemmt das Regenwasser dann Erde in die Grübchen und füllt sie auf. Das ist ein zusätzliches Plus, denn es erhöht zudem die Standfestigkeit der jungen Pflanzen.

Regelmäßiges, kräftiges Streicheln sorgt dafür, dass Sämlinge kompakt und gesund wachsen.

Fluch oder Segen?

Gärtner im Römischen Reich pflegten Pflanzen durch **gutes Zureden oder Beschimpfen** zum Wachsen anzuregen. So galt für Basilikum die Regel, es verfluchend und beschimpfend zu säen, das Kraut sozusagen aus der Reserve zu locken, damit es üppig gedeihe. Beim Säen von Kümmel dagegen lautete die Vorschrift, ein Gebet zu sprechen. Seit christlichen Zeiten ist es Brauch, den Samen und Setzlingen ein »wachset und gedeihet« mit auf den Weg zu geben.

Die Mischung macht's

- Früher war es mancherorts üblich, die Samen von **Möhren** und **Porree** zu mischen und beide zusammen auszusäen. Lauch wächst die ersten Monate sehr langsam und beansprucht kaum Raum. Nach der Ernte der Möhren wird der Porree dann ausgedünnt, nur alle 15 cm bleibt eine Pflanze stehen.
- Die Samen von **Petersilie, Möhren, Sellerie** und anderen Doldenblütlern sind sehr fein, und nicht nur Ungeübte säen häufig zu dicht. Gärtner mischten deshalb die Samen mit feuchtem Sand und stellten sie warm, in die Nähe des Herdes oder auf den Kachelofen. Wärme und Feuchtigkeit förderten die Keimung. Nach zwei, drei Tagen, spätestens einer Woche streuten sie die Samen bei trockenem, windstillem Wetter mitsamt dem Sand behutsam ins Beet. Der langsam wachsende Sellerie wurde im Haus in Blumentöpfen oder Holzkistchen vorgezogen.

Hitzefrei für Salat

Wie **Artischocken** und manch andere **Korbblütler** keimt **Salat** bei zu viel Wärme nur unwillig oder gar nicht. Ab Temperaturen von etwa 20 °C fallen die Samen in Hitzestarre. Man streut die Körnchen deshalb am besten in ein feuchtes Küchentuch aus Papier und stellt sie zwei Tage lang in den Kühlschrank; anschließend werden die Samen mitsamt dem Papier gesät, das heißt in den Boden gelegt und dünn mit Erde bedeckt. Das Saatgut darf nie austrocknen, deshalb regelmäßig gießen. Dies verschafft den Samen nicht nur das dringend benötigte Nass, sondern auch Abkühlung. Denselben Effekt erzielt man, wenn man zur Beschattung und Kühlung feuchtes Sackleinen oder einen Baumwollstoff (ein Stück von einem alten Bett- oder Tischtuch) auf dem Saatbeet ausbreitet.

Ein Lob den Dicken Bohnen

Statt Dicke Bohnen in Horsten zu säen, legt man besser die Samen einzeln in Abständen von 10–15 cm, um den Platz optimal auszunutzen.

Dicke Bohnen oder Puffbohnen *(Vicia faba)* stammen aus Europa, während Busch- und Stangenbohnen *(Phaseolus vulgaris)* ebenso wie Feuerbohnen *(Phaseolus coccineus)* in Südamerika zu Hause sind. Die Bohnen aus der Neuen Welt werden in unseren Breiten erst seit knapp 500 Jahren angebaut; dagegen versuchen Menschen mit grünem Daumen in Europa vermutlich schon seit der Steinzeit, mehr und größere Puffbohnen zu ernten. Gemahlene Samen verkochte man zu Suppen und Brei, unreife aß man als Gemüse. Die ersten Bauern säten Puffbohnen noch gemeinsam mit Getreide aus, später erhielten beide Nutzpflanzenarten getrennte Felder.

Dies jedoch war nur eine erste Verbesserung, Generationen von nachfolgenden Landwirten und Gärtnern fügten dem Erfahrungsschatz viele weitere hinzu:

- Um die **Erntezeit** zu **verfrühen,** ist es seit langem üblich, Puffbohnen Anfang Februar ins Frühbeet zu säen. Die vorgetriebenen und abgehärteten Pflanzen werden etwa vier Wochen später auf ein Beet umgesiedelt und ein zweiter Satz Bohnen direkt ins Beet gelegt. (Im Volksmund werden Bohnen nicht gesät, sondern »gelegt«.)
- Über die Pflanzen fallen häufig ganze Sippschaften **Schwarzer Bohnenläuse** her. Bei spät gesäten Bohnen und trockner, warmer Witterung ist der Befall oft so vernichtend, dass die Ernte ausfällt. Allerdings sind die Pflanzen nicht ganz unschuldig an dem Malheur, denn sie locken mit Nektartropfstellen Ameisen an und diese wiederum schleppen die Läuse herbei oder pflegen zugeflogene, um deren Honigtau zu melken. Die Nektarquellen sind mit schwarzen Flecken markiert, die aus

Puffbohnen: Marienkäfer sind bei derartigen Läuse-Invasionen überfordert. Frühe Aussaat beugt Befall vor.

Ebenso anspruchslos wie Dicke Bohnen sind die aus Amerika stammenden Feuerbohnen. Sie vertragen mehr Kälte als Busch- und Stangenbohnen.

der Ferne und für Ameisen vermutlich auch aus der Nähe wie Blattläuse aussehen. Sie betrillern die dunklen Punkte mit ihren Antennen, und kurz darauf perlt der Zuckersaft aus den Pflanzendrüsen. In den Tropen gibt es Akazien, die ebenfalls Ameisen mit Nektar füttern und ihnen eine Heimstatt bieten. Diese Tiere vertreiben im Gegenzug alle Lebewesen, die sich dem Baum nähern und ihm vermeintlich oder tatsächlich gefährlich werden, sei es Mensch oder Tier.

Ob die Dicken Bohnen ebenfalls derartigen Dank für ihren Nektar erhalten, ist zweitrangig, wenn Horden Schwarzer Läuse ihnen den Lebenssaft aus den Adern saugen. Immerhin kann man **vorbeugen:** Frühe Aussaat war eine Methode, um den Schaden durch Läuse in Grenzen zu halten. Eine andere besteht darin, die Bohnen reihenweise am Beetrand oder entlang von Wegen zu ziehen. Der luftige Standort behagt den Läusen nicht, außerdem übersehen sie die vereinzelt stehenden Wirtspflanzen leicht. Sobald die Bohnen etwas mehr als handhoch sind, häufelt man sie an. Die Erde am Wurzelhals erhöht die Standfestigkeit und verdeckt zumindest einzelne Nektarien in Bodennähe.

Die Stickstoff sammelnden Dicken Bohnen gelten als gute Vorkultur für Rosenkohl und als geeigneter Mischkulturpartner für Kopfkohl. Sie erleichtern dem Kohl das Anwachsen, da sie die jungen Pflänzchen vor praller Sonne schützen.

- Da die Bohnen-Hülsen nach und nach reifen; wurden die Pflanzen nach der letzten Ernte im Frühsommer knapp bodentief abgeschnitten. Das Bohnenstroh diente als Mulch im Gemüsebeet. Die gekappten Pflanzen trieben erneut aus und lieferten im Herbst eine zweite Ernte. Anschließend arbeitete man das zerkleinerte Kraut als Gründünger in die Beete ein.
- Im Laufe der Jahrtausende entstanden viele Puffbohnen-Sorten; die großsamigen dienten dem menschlichen Verzehr, kleinsamige als Viehfutter, worauf die heute noch gebräuchlichen Namen wie Acker-, Sau- oder Pferdebohnen hindeuten. Der Anbau war weit verbreitet. Sehr arme Leute verwendeten das Stroh dieser Bohnenart als Matratze für ihre Schlafstatt. Mit der Zeit entstand der Ausdruck »grob wie Bohnenstroh«, im Schwäbischen heißt es noch in heutiger Zeit »grob wie Säubohnen-Stroh«. Aus grob, kratzig wurde im Laufe der Zeit grob, ungebildet, ungehobelt wie die Leute, die auf Bohnenstroh schlafen, und schließlich »dumm wie Bohnenstroh«.

Umzug im Garten

Auch für das Um- und Neupflanzen kannten unsere Ahnen schon so manchen Trick, der sich aus Erfahrung bewährt hat.

Nicht ohne Muttererde

Oft belächelt wird der Tipp alter Gärtnermeister, Neuankömmlingen im Garten etwas Muttererde von ihrem vorherigen Standort ins Pflanzloch zu geben, um ihr Heimweh zu lindern. Doch Spott ist hier fehl am Platz. Die Erde im Wurzelbereich wimmelt nämlich vor Mikroorganismen, die Nährstoffe aufbereiten und in leicht verfügbarer Form ins Bodenwasser abgeben. Manche Pilze **(Mykorrhiza)** leben sogar auf oder in den Wurzeln und helfen diesen tatkräftig bei der Aufnahme wichtiger Nährstoffe wie dem schwer zu fassenden Eisen und schützen sie vor krank machenden Pilzen. Im Gegenzug erhalten sie Zucker und andere von der Pflanze hergestellte Stoffe als Futter. Nahezu alle Gewächse leben mit diesen nützlichen Wurzelpilzen zusammen, einige wie zum Beispiel Waldheidelbeeren können ohne sie nicht überleben; sie verhungern dann oder ihre Wurzeln werden von feindlichen Pilzen zersetzt. Deshalb achten erfahrene Gärtner von jeher darauf, Setzlinge, sei es aus der freien Natur oder Gärten, immer mit etwas Muttererde auszugraben. Fällt der Ballen auseinander, gibt man die lose Erde ins Pflanzloch. Die freundlichen Helfer in der Erde fördern das Eingewöhnen und Anwachsen und sollten deshalb keinesfalls zurückbleiben. Unabhängig vom positiven Einfluss der Mikroorganismen gilt natürlich generell: Je weniger Wurzeln beim Ausheben verletzt werden, desto schneller wachsen die Pflanzen wieder an.

Lehmbrei kräftigt

Schon in der Antike war es üblich, die Wurzeln von Obstbäumen und anderen Gehölzen vor dem Verpflanzen in dickflüssigen Lehmbrei zu tauchen. Gärtner späterer Zeiten verbesserten den Lehmbrei mit Ackerschachtelhalm-Brühe, Kamillen-Tee, Knoblauch-Extrakt oder Brennnessel-Jauche. Außerdem war es Brauch, grob zerkleinerte Brennnesseln oder Beinwellblätter locker unter die Erde ins Pflanzloch zu mischen. Angekeimte Gerstenkörner in den Boden eingearbeitet, wärmen die Wurzeln von unten und fördern das Anwachsen. Um Sommerblumen und Stauden vor Wurzelfäulnis zu schützen, gräbt man einige zerquetschte Knoblauchzehen unter ihrem Wurzelbereich ein oder begießt

> Äpfel, Birnen, Quitten, Mispeln und anderes Kernobst sowie Nüsse pflanzten Obstgärtner im Herbst um Allerheiligen, nachdem das Laub vollständig abgefallen war, und zwar zwei oder drei Tage vor Vollmond. Kirschen, Aprikosen, Pfirsiche, Pflaumen und sonstiges Steinobst sowie Mandeln setzten sie im März oder April, ebenfalls einige Tage vor Vollmond.

Mit Knoblauch-Tee behandelte Pflanzen wachsen kräftig und bleiben vor Pilzkrankheiten verschont.

Studentenblumen *(Tagetes)* mindern den Befall mit schädlichen, in der Erde lebenden Älchen und »wurzeln« dadurch den Boden gesund.

die Pflanzen öfter mit Knoblauch-Tee oder Schachtelhalm-Brühe. Kopfkohl, Wirsing, Blumenkohl, Grünkohl, Rosenkohl und andere Kohlgewächse taucht man in mit Schachtelhalm-Brühe angerührten Lehmbrei.

Grünes Fußvolk für Obstbäume

• Nach dem Verpflanzen bleibt die **Baumscheibe** ein Jahr lang frei von Bewuchs, bis die Wurzeln Fuß gefasst haben, um ungestörtes Wachstum zu garantieren. In trockenen Regionen wartet man besser zwei Jahre. Später jedoch fördert ein grüner oder blühender Teppich zu Füßen der Obstgehölze – Busch-, Halb- und Hochstämme – die Nährstoffaufnahme und Pflanzengesundheit.

• **Spindelbäumen** mit ihrem schwachen Wurzelsystem sollte man keine grüne Konkurrenz auf die Baumscheibe setzen. Sie blühen sichtlich auf, wenn man ihren Wurzelbereich mit grob zerkleinerten Brennnesseln, Beinwell, Zitronenmelisse oder Kleeschnitt bestreut.

• Steht während des Sommers ausreichend Feuchtigkeit zur Verfügung, hat sich die Einsaat von Stauden- oder Sommerlupinen zu Füßen von Obstbäumen bewährt. **Lupinen** gehören zu den Schmetterlingsblütlern, dringen tief in den Boden ein und sammeln mit Hilfe nützlicher Bakterien in ihren Wurzeln Stickstoff, der den Obstgehölzen zugute kommt, sobald die Lupinenwurzeln absterben. Man sät die Blütenpflanzen jedoch nicht unmittelbar um den Stamm, denn dort sind keine Wurzeln, die Nährstoffe aufnehmen, sondern kreisförmig im äußeren Bereich der Kronentraufe. Da Lupinen viel Wasser benötigen und dies notfalls dem Obstbaum streitig machen, muss bei Trockenheit großzügig gewässert werden.

• Auch **Senf**, der gleich nach Beginn der Blüte gemäht wird und als Mulch liegen bleibt, lockert den Boden unter Obstbäumen und hält ihn feucht.

• **Ringelblumen** und **Studentenblumen** *(Tagetes)* bedecken ebenfalls innerhalb kurzer Zeit offenen Boden unter Obstgehölzen. Die anspruchslosen und gute Laune verbreitenden Ringelblumen sät man, Tagetes werden zweckmäßigerweise gepflanzt. Beide Sommerblumen fördern die Bodengesundheit. Es gibt kaum Gewächse, die sich in ihrer Nähe nicht wohl fühlen.

Kapuzinerkresse wächst gerne im feuchten Halbschatten unter Obstgehölzen oder Beerensträuchern.

• **Pfefferminze** bildet einen dichten, duftenden Pflanzenteppich um den Stamm. Alte Gärtner behaupten, Kirschbäume, deren Füßen die Minze umgibt, hätten Jahr für Jahr weniger unter der Kirschfruchtfliege zu leiden; Gleiches gilt für Apfelbäume und Apfelwickler.

• Auch **Kapuzinerkresse** fühlt sich im Halbschatten von Obstbäumen wohl. Sofern ihr bereits im Frühjahr ausreichend Feuchtigkeit zur Verfügung steht, entwickelt sie sich prächtig und wuchert schnell die kahlen Flächen zu. Sie sieht nicht nur gut aus, sondern schützt auch Apfelbäume vor Blutläusen, insbesondere dann, wenn sie die gesamte Baumscheibe bedeckt und nach dem Abfrieren als Mulch liegen bleibt.

• Aus dem Hessischen stammt der Brauch, um Hochstamm-Apfelbäume einen breiten Ring aus **Zitronenmelisse** zu ziehen. Im Kreisinnern wachsen Ringelblumen, Wicken oder andere Sommerblumen.

• **Bärlauch** ist ebenfalls ein guter Bodendecker unter Obstgehölzen. Hat er erst einmal Fuß gefasst, nimmt er rasch die gesamte Fläche ein und lässt Konkurrenten keine Chance.

Während der Blüte riecht man Bärlauch lange, bevor man ihn sieht. Das würzige Kraut neigt zum Wuchern.

Da die oberirdischen Teile des Lauchs nach der Blüte einziehen, und die Wurzeln die restliche Zeit des Jahres im Boden verschlafen, eignet sich das würzige Kraut vor allem in sommertrockenen Gegenden als Unterwuchs. Der Regen, der in diesen Monaten fällt, kommt dann ganz den Bäumen zugute.

• Ein Tipp aus der Abtei Fulda: Tragen **Birnbäume** gelbe Blätter, pflanze man Löwenzahn unter die Bäume. Sofern der Baum noch klein und mit der Spritze erreichbar ist, kann man auch Abhilfe schaffen, indem man die Blätter mit verdünnter Brennnessel-Jauche (1:20) besprüht.

Salat will im Wind schaukeln, sagt man. Er darf nicht zu tief gepflanzt werden, sonst erstickt das Herz.

Verpflanzen: nie nach 10 Uhr!

• **Pflanztermin:** Um Setzlingen das Anwachsen zu erleichtern und sie vor Austrocknung zu schützen, galt für das Verpflanzen stets die Regel: nie nach 10 Uhr morgens und nicht vor 4 Uhr nachmittags sowie nie bei windigem Wetter! *»Ist der Himmel grau in grau, passt's Wetter fürs Verpflanzen ganz genau«,* heißt es im Österreichischen. Gärtner, die genau beobachteten, fassten die allgemeinen Regeln sogar noch enger. Sie rieten: *»Es ist vorteilhaft zu pflanzen nach Regen, während es regnet und am allerbesten, bevor es regnet«.* Dies gilt auch für das Ausbringen von Düngejauchen.

• **Vorbereiten:** Die Setzlinge wurden einzeln in Kisten oder Körbe gelegt, nachdem man ineinander verfilzte Wurzeln getrennt hatte, und mit feuchtem Zeitungspapier abgedeckt, damit sie möglichst wenig Wasser verlieren und den Umzug gut überstehen. Denn lassen sie erst einmal die Blätter hängen, muss besonders fleißig gegossen werden, und das wollte man sich ersparen. Bewährt hat sich der Brauch, die Setzlinge vor dem Umpflanzen eine Stunde lang in Ackerschachtelhalm-Brühe zu stellen und sie bis etwa vier Wochen vor der Ernte ein- bis zweimal monatlich mit verdünnter Brühe (1:10) zu gießen und zu überbrausen. Dies stärkt die Abwehrkräfte gegen Pilzkrankheiten, die Pilze verursachen (Schwarzbeinigkeit, Mehltau, Blattflecken ...).

• **Wasserspeicher:** Auf sandigen oder kiesigen Böden fließt das Wasser schnell ab, und die Beete trocknen aus. Setzlinge fassen an solchen Standorten nur langsam Fuß. Um das Anwachsen zu beschleunigen und die Wasserspeicherfähigkeit des Bodens zu steigern, gruben Gärtner unter den Wurzelballen grob zerkleinertes und mit Pferdemist vermengtes Zeitungspapier oder Wellpappe ein. Auch zerkleinertes Moos, alte Naturschwämme, löchrige Säcke aus Naturfasern oder andere saugfähige, organische Materialien, die mit der Zeit vermodern, können als unterirdische Wasserspeicher dienen.

• **Pflanzhöhe:** Anfänger pflanzen Setzlinge oft so hoch, dass sie auf wackligen Füßen stehen und umfallen. Früher genügte der Hinweis »bis zum Wurzelhals in die Erde setzen«, in heutiger Zeit wissen viele Freizeitgärtner nichts mehr mit dem Begriff

Wurzelhals (er endet am Ansatz der untersten Blätter!) anzufangen. Das Herz der Setzlinge, aus dem die jungen Blättchen sprießen, darf nicht mit Erde bedeckt sein, weil es sonst erstickt.

- Beim **Salat** sind die Blätter wie Rosetten angeordnet, in deren Mitte das Herz sitzt. Weil die Gefahr besteht, dass Regen- oder Gießwasser dieses mit Erde zuschwemmt, muss Salat grundsätzlich hoch gepflanzt werden.
- Werden **Selleriesetzlinge** zu tief in der Erde verbuddelt, bilden sie ovale Knollen.
- Die Blätter von Kopfkohl, Wirsing, Blumenkohl, Rosenkohl und anderen **Kohlgewächsen** sitzen weit oben am Stängel, weshalb diese Setzlinge tief gepflanzt werden. Das Bis-zum-Kragen-Eingraben behindert außerdem die Eiablage von Kohlgallenrüssler und Kohlfliegen.

Ausnahmen: Steckt Kohlrabi zu tief im Boden, sind die Pflanzen anfällig für Fäulnis, zudem verschmutzen die Knollen. Dieses Kohlgewächs pflanzt man flach und drückt es fest an.

Bei **Kohlrüben** (Erdkohlrabi) verzögert zu tiefes Setzen das Wachstum und mindert den Ertrag. Kürzt man die Wurzeln vor dem Versetzen ein, bilden die Steckrüben runde statt längliche Knollen.

Pflanzen mit Erdballen vertragen den Umzugsschock besser als Setzlinge mit losen Wurzeln und wenig anhaftender Erde.

- Manche Gemüse- und Blumensämlinge, die in Anzuchtgefäßen stehen, treiben bei hoher Luftfeuchte im Zimmer weiße Wurzeln am Stängel. Dazu gehören Nachtschattengewächse wie **Tomaten, Andenbeere** und **Paprika.** Damit sie ein großes Wurzelsystem bilden, gräbt man diese »Stängel-Wurzler« tief in die gelockerte Beeterde ein. Die langstängligen Tomaten legt man sogar schräg bis zum ersten Blattansatz ins Pflanzloch. Auch Studentenblumen setzt man tief (vor allem die hohen Sorten von *Tagetes erecta)*, um die Standfestigkeit zu erhöhen.

Auf Lücke pflanzen

Selbst einfachste Regeln des Gärtnerns sind vielfach in Vergessenheit geraten. So stehen Gemüse, Salat und andere Gewächse heute häufig wie Zinnsoldaten in gerader Linie hinter- und nebeneinander auf dem

Mäßig feuchter Boden ist zum Stecken von Zwiebeln ideal. Wenn die Witterung nicht mitspielt und man die Zwiebelchen in ausgetrocknete Erde drückt, »hüpfen« diese, sobald sie sich mit Wasser voll saugen, innerhalb weniger Tage wieder an die Oberfläche. Weicht man Zwiebeln jedoch vor dem Stecken 24 Stunden lang in Regenwasser oder abgekochtem Wasser ein, saugen sie sich voll und wachsen auf dem Beet zügig an, statt sich aus dem Boden zu drängeln.

Schon in der Antike war Lauch mit langen Schäften begehrt, so dicke bildet er nur auf nahrhaftem Boden.

Beet. Diese Viereck-Platzierung ist Platzverschwendung. Der Raum wird besser ausgenutzt, wenn man im Dreieck pflanzt. Bei der ersten Reihe Salat oder Blumenkohl achte man auf korrekte Abstände, die Pflanzen der zweiten Reihe werden dann genau in die Lücke der vorherigen platziert. Dieses Pflanzschema gilt nicht nur im Gemüsegarten, sondern für alle Gewächse, die mehrreihig gesetzt werden: Hecken, Obstbäume ...

Lauch: Wurzeln kürzen

Kaiser Nero aß, um seine Stimme zu stärken, regelmäßig Porree und verhalf damit dem würzigen Gemüse im römischen Reich zu Ansehen. Als günstiger Saattermin galt die Zeit nach der Tagundnachtgleiche im Herbst. Dieser Winterlauch wurde dicht gesät und ähnlich wie Schnittlauch verwendet. Wollte man dickschäftige Pflanzen ernten, kürzten die Gärtner die Blätter des jungen Lauchs um etwa ein Drittel und versetzten den fingerdicken Porree im Abstand von einer Handbreit. Es war Brauch, den Pflanzen Kieselsteine oder Ziegelscherben unter die Wurzeln zu legen, um dickere Schäfte zu erzielen. In heutiger Zeit sorgt dafür nahrhafter Boden, doch was das Verpflanzen betrifft, bestätigt die moderne Wissenschaft die alten Römer. Noch weit ins 20. Jahrhundert rieten Gärtner, die ihr Handwerk verstanden, **Blätter und Wurzeln von Porree-Setzlingen** um etwa ein Drittel zu **kappen.** Dann bezeichneten Agrarwissenschaftler diesen alten Zopf als ertrags- und qualitätsmindernd. Neuere Untersuchungen beweisen jedoch, dass das Einkürzen sinnvoll ist. Die Pflanzen wachsen kräftiger und kompakter als naturbelassene, und die Erträge fallen höher aus. Gleiches gilt für Sellerie mit gestutzten Wurzeln.

Schräg pflanzen

Im Laufe der Jahrhunderte legten Gärtner beim Porree nicht nur auf dicke Schäfte Wert, sondern auch auf weiße, weil diese milder schmecken als grüne. Zunächst häufelte man die Pflanzen an, später vertraute man auch auf andere Techniken.

- *»Da das Weisse am Lauch am meisten begehret wird«,* heißt es in einem alten Buch, pflegte man die Pflanzen **schräg in die Erde** zu legen, *»also daß sie nur ein wenig heraus ragen, so wird das bedeckte Theil weiß und mürbe.«*
- Später kam man auf die Idee, in 20–25 cm tiefe **Gruben** zu pflanzen und diese im Laufe des Sommers nach und nach mit Erde zu füllen.
- Daraus hat sich eine empfehlenswerte Praxis entwickelt: Auf humosen Böden stößt man mit Hilfe eines Stockes tiefe **Löcher** in den Boden und verschafft den Setzlingen Halt, indem man mit dem Stock von der Seite Erde an die Pflanzen drückt. Beim Gießen werden die Löcher mit der Zeit zugeschwemmt. (Auf schweren, lehmigen Böden verschmiert das Loch rasch und die Pflanzen leiden unter Sauerstoffmangel. Sie ersticken oder wachsen zögerlich.)

Damit Porree lange, weiße Schäfte entwickelt, pflanzt man ihn tief in lockere, steinfreie Erde.

• Wer langschäftigen, weißen, sauberen Lauch ernten will, frei von Sandkörnern und Erde zwischen den eng anliegenden Blättern, **umwickelt** jede einzelne Pflanze drei, vier Wochen vor der Ernte nahtlos mit Pack- oder schwarzem Tonpapier.

Gurken und Blumenkohl

Ein alter Trick aus Österreich: Bäuerinnen pflanzen dort Gurken auf Wälle, in die Gruben setzen sie Karfiol (Blumenkohl). Beide Gemüse lieben guten Boden, die Gurken Wärme, der Kohl schattige Feuchte, und so ergänzen sich die zwei Kulturen zum gegenseitigen Nutzen. Wer es besonders gut mit seinem Gemüse meint, mulcht Wall und Graben mit abgeernteten Puffbohnenpflanzen oder Kleeschnitt.

Erdäpfel aus eigenem Anbau

Alte Bauernweisheit

»Legst du mich im März, treibst du mit mir Scherz. Legst du mich im April, komm ich, wann ich will. Legst du mich im Mai, komm ich eins, zwei, drei.«

In heutiger Zeit, wo wärmende Vliese die Kulturen vor Frost und Kälte schützen, legen viele Gärtner ihre Kartoffeln Anfang April, vor allem in trockenen Gegenden, um die Frühjahrsfeuchte auszunutzen. Es lohnt sich, die Knollen in einem hellen, 10–15 °C warmen Raum vorzutreiben. Aber Vorsicht: Die Triebe sitzen nur locker an den Kartoffeln und brechen leicht ab.

• Als die Zeiten schlecht und Pflanzkartoffeln rar waren, **teilte oder viertelte man große Knollen.** Jedes Teilstück hatte etwa die Größe eines Hühnereis und etwa drei Augen – so bezeichnen Fachleute die Stellen, aus denen die Triebe sprießen. Das funktioniert selbstverständlich auch heute noch. Allerdings dürfen Teilstücke nicht sofort unter die Erde, weil sie sonst faulen. Besser, man gibt ihnen an einem trockenen Ort zwei, drei Tage lang Zeit, die Wunden mit einer dünnen Korkschicht zu verschließen und gegen Mikroorganismen abzuschotten. Ein ausgiebiges Bad in Ackerschachtelhalm-Brühe vor dem

Vorgekeimte Kartoffeln liefern reiche Ernte. Mitte April bis Anfang Mai ist die günstigste Zeit zum Legen.

Die Vielfalt an Kartoffelsorten war früher größer als heute. Vor allem die rot- und blauschaligen Sorten erfreuen sich inzwischen wieder großer Beliebtheit.

Legen stärkt die Abwehrkräfte zusätzlich.

• **Kartoffeln aus dem eigenen Garten** schmecken eindeutig besser als Supermarktware. Das liegt zum einen an der Sorte, zum anderen an der Düngung. Leider sind viele alte Sorten nicht mehr im Handel. Vor etwa 100 Jahren galt als beste Frühsorte die weiße 'Sechswochen-' oder lange 'Nieren-Kartoffel', die heute keiner mehr kennt. Die 'Pflückmölle' trug ihren Namen, weil man einzelne Knollen bereits vor der Ernte ausgrub; man schob die Erde am Wall vorsichtig zur Seite, pflückte alle Kartoffeln, die so groß wie ein Hühnerei waren, und klopfte die Erde wieder gut fest. In den folgenden zwei, drei Wochen legten die Knollen noch einmal das Doppelte an Größe zu. Besonders wohlschmeckenden und obendrein schön anzusehenden Kartoffelsalat lieferten die 'Bamberger Hörnchen'.

• Sich an die köstlichen Kartoffelgerichte aus ihrer Kindheit erinnernd, bauen immer mehr Gärtner wieder selbst Kartoffeln an, auch wenn viele Sorten längst verschollen sind. In alten Gartenbüchern wird davor gewarnt, Kartoffeln mit »Jauche oder Abortdünger« auf die Sprünge zu helfen, »weil sie den Geschmack völlig verderben«. Heute gilt dies generell für Überdüngung mit Stickstoff. **Kompost und Kartoffeln gehören zusammen**, heißt es in wohl unterrichteten Gärtnerkreisen. Jede Knolle erhält auf schlechten Böden bis zu einem halben Eimer voll Kompost ins Pflanzloch.

Legt man zerkleinerte Farn- oder Beinwellblätter mit in die Furchen, versorgen diese während des Verrottungsprozesses die Pflanzen mit Kalium und anderen wichtigen Nährstoffen, die die Widerstandskraft gegen Krankheiten und Kälte erhöhen und den Geschmack fördern. Das Einarbeiten der Blattdünger eignet sich jedoch nur für humose, lockere Böden; in schweren verfaulen sie, statt zu verwesen. In diesem Fall ist es sinnvoller, mit Wurm-, Adlerfarn und Beinwell zu mulchen, bis die Pflanzen groß genug sind, den Boden zu beschatten.

• Besonders frühzeitig erntet, wer die **Knollen vorkeimt** und **im Frühbeetkasten anzieht.** Schlaue Gärtner graben sie nicht in den Boden ein, sondern legen sie auf die mit reichlich Kompost verbesserte Erde und decken sie mit Stroh ab. Je größer die Pflanzen werden, desto mehr Stroh schiebt man ihnen unter. Ab und zu erhalten die Erdäpfel einige Schluck Brennnesseljauche. Um zu ernten, muss man lediglich die Strohschicht beiseite nehmen. Da diese Anbautechnik eine sorgfältige Mäusekontrolle erfordert, eignet sie sich nur für kleine Flächen.

Nicht der dümmste Bauer...

• Die besten und größten Kartoffeln erntet, wer sie auf Brachland anbaut, das vorher weder gärtnerisch noch landwirtschaftlich genutzt wurde. Kartoffeln lockern den Boden, unterdrücken Unkraut und wachsen auf dem Neuland gesund, weil die Erde noch weitgehend frei von schädlichen, mit bloßem Auge nicht sichtbaren Älchen (Nematoden) ist, die sich auf Kartoffeln spezialisiert haben und an deren Wurzeln saugen. Auch für Häuslebauer gilt: Noch bevor man den Garten anlegt, Bäume und Hecken pflanzt, einen Bauern bitten, dass er mit seinem Traktor das Land umpflügt und eggt; anschließend Kartoffeln legen. Selbst Menschen ohne grünen Daumen werden reiche Ernte einfahren.

Pflanzen wie am Schnürchen

In der Antike füllte man das Saatgut in ein Schilfrohr oder einen anderen hohlen Pflanzenstängel, dessen eine Ende mit Wachs verschlossen war, und schüttelte anschließend die Samen einen nach dem anderen aus dem gegenüberliegenden Loch. Später kamen pfiffige Gärtner auf die Idee, das Saatgut in ein kleines Stoffsäckchen zu füllen, einen Strohhalm in die Öffnung zu schieben und diese fest zusammenzubinden. Die Samen rannen durch den Strohhalm fein verteilt auf die Erde.

Mit dem Salzstreuer säen

Um zu dichtes oder klumpiges Säen zu vermeiden, bastelten sich Gärtner Streudosen, indem sie in die Deckel von Metalldosen Löcher bohrten. Damit sich kein Samenstau bildete, schmirgelten sie die Ausfransungen auf der Innenseite glatt oder stießen die Löcher von innen nach außen durch. Salzstreuer leisten ebenfalls gute Dienste beim gleichmäßigen Verteilen feiner Samen auf der Erde. Wohl dosiertes Säen ist eine Frage der Übung. Bei geschickten Gärtnern rieseln Samen selbst aus Samen-Tütchen oder einem zusammengefalteten Stück Papier genau in der richtigen Menge.

Feinarbeit mit Stricknadeln

In Samenschalen und Aussaatgefäßen stehen die Sämlinge meist sehr dicht und müssen ein- oder zweimal umgepflanzt

Das Verpflanzen (Pikieren) von kleinen Setzlingen geht mit Hilfe von Stricknadeln, Schaschlik- oder Mikado-Stäbchen leicht von der Hand.

Beim Gießen von Saatgefäßen werden die Samen oft weggeschwemmt, selbst wenn man eine Brause verwendet. Deckt man die Erde mit einem Stück Küchentuch ab, saugt das Papier das Wasser auf und verteilt es gleichmäßig, ohne die keimenden Samen zu stören.

(pikiert) werden, um sich gut zu entwickeln. Dabei ersetzen Pikierhölzer die Feinarbeit, die die Finger nicht leisten können. Moderne Pikierhilfen sind meist aus Kunststoff gefertigt und brechen früher oder später. Ein Holzstäbchen liegt besser in der Hand, und wenn es dereinst seinen Dienst quittiert, kehrt es in den Kreislauf der Natur zurück. Bei alten Bäuerinnen findet man noch gelegentlich ein ganzes Sortiment an Holzstricknadeln in verschiedenen Dicken zwischen den Gartenwerkzeugen liegen, passend für jede Pflanzengröße. Stricknadeln aus Kunststoff sind ebenso geeignet, wenn auch weniger bruchsicher; metallene liegen schwer in der Hand und rutschen leicht zwischen den Fingern durch. Pikierhölzer sind unentbehrlich, um Löcher zu bohren und die Erde um die Setzlinge wieder anzudrücken. Ausrangierte Gabeln leisten gute Dienste beim Heraushebeln der Pflänzchen, indem sie verhindern, dass der Erdballen im Wurzelbereich auseinander fällt, während man den Pflanzennachwuchs vorsichtig mit zwei Fingern hochhebt und zu seiner neuen Bleibe trägt.

Bei besonders zarten Keimlingen besteht die Gefahr, sie beim Anfassen zwischen den Fingern zu zerquetschen. In diesem Fall nimmt man besser eine stumpfe Pinzette zu Hilfe. Gärtner bastelten sich früher eine aus einem Stückchen Draht, dessen beide Enden sie mit dem Hammer breit klopften.

Pflanzhölzer

Ein Pflanzholz muss gut in der Hand liegen, sich gut anfühlen, damit das Arbeiten für Gärtner und Setzlinge ein Vergnügen ist, schärfte ein erfahrener Klostergärtner vor einem knappen Jahrhundert seinen Hilfskräften ein. Gute Pflanzhölzer wurden von Gärtnermeistern an ihre Nachfolger, von Großeltern an die Enkelkinder weitergereicht.

• Zum Pflanzen verwendeten Gärtner zunächst einfache Holzpflöcke, später Hölzer mit Knauf, T-Griff, spitzem oder stumpf abgewinkeltem Pistolengriff. Die ersten bestanden völlig aus Holz, später hatten sie eine mit Metall ummantelte Spitze, die leicht zu reinigen war. Moderne Geräte sind meist ganz aus Metall und brechen, da sie hohl sind, auf schweren Böden mit der Zeit am Griff ab. Die meisten Blasen an den Händen verursachen einfache Hölzer oder solche mit Knauf, die wenigsten Geräte mit Pistolengriff. Doch diese Unterschiede bemerken nur Gärtner, die viel pflanzen.

• Wer über handwerkliches Geschick verfügte, **stellte Pflanzhölzer selbst her.** Die einfachste Ausführung fertigte man aus Haselholz, denn die Büsche wuchsen meist in Hausnähe. Hierzu diente ein etwa 3 cm breites und 20 cm langes,

Mit dem Pflanzholz bohrt man Löcher für Setzlinge in die Erde. Mancher Gärtner benutzt es auch zum Säen.

Richtig pflanzen: Das Pflanzholz in den Boden stoßen und ein ausreichend großes Loch hineindrücken.

Die Pflanze in das Loch setzen und mit dem eingestochenen Pflanzholz Erde an die Wurzeln schieben.

Das Wasser in das neu entstandene Loch gießen, um zu verhindern, dass die Setzlinge zugeschwemmt werden.

gerades, möglichst astfreies Stück, das am Ende anspitzt wurde. In der Regel entfernte man die Rinde. Besonders begehrt waren natürlich gewachsene Pflanzhölzer mit T- oder Pistolengriff zum Beispiel aus Kirschholz.

- Auch Schäfte abgebrochener Spaten und anderer Arbeitsgeräte kürzte man ein, spitzte sie an und verwendete sie als Pflanzholz. Spaten mit T-Griff waren für diese Zwecke besser geeignet als solche mit D-Griff.
- Besondere Übung erforderte das Legen von Bohnenkernen mit Hilfe eines Haselsteckens, Spazierstocks oder Besenstiels. Mit der rechten Hand stießen die »Meister des Säens ohne sich zu Bücken« die Stange in den Boden, drehten sie einige Male nach außen, um das Loch zu vergrößern, und warfen mit der Linken die Bohnenkerne in die Saatgrube. Mit dem Fuß schoben sie dann Erde über die Samen und traten sie fest oder gingen nachher mit einer Hacke die Reihen entlang und bedeckten die Bohnen mit Erde.

Wie geht man damit um?

Was nutzt das schönste Pflanzholz, wenn man nicht weiß, wie man damit umgeht? Viele Gärtner, so sie überhaupt eines besitzen, verwenden es wie eine Pflanzschaufel: mit dem Pflanzholz Loch bohren, Pflanze rein, Loch zuschieben. Das ist zwar nicht verkehrt, aber das Pflanzholz erlaubt noch eine viel **pfiffigere Technik:**

① Pflanzholz in den Boden stoßen,

② es kreisend hin und her bewegen, um das Loch zu vergrößern,

③ Pflanze mit den Wurzeln senkrecht nach unten in das Loch halten,

④ mit dem Pflanzholz je nach Bodenart etwa 5 cm vom Loch entfernt in die Erde stechen und diese fest an die Wurzeln drücken.

⑤ Das dabei entstandene neue Loch bleibt offen, es dient als Gießloch und wird mit der Zeit zugeschwemmt.

Bei dieser Pflanztechnik kommen die Hände so gut wie nie mit Erde in Berührung. Für festen Halt sorgt allein Arbeitsschritt ④ und mit einiger Übung gelingt er mühelos. Für die Pflanzen hat dies den Vorteil, dass das Wasser, das sie zum Anwachsen dringend benötigen, ohne Verlust direkt in ihren Wurzelbereich gelangt und auch weniger schnell verdunstet als auf dem Beet. Dieses gezielte Gießen spart Wasser und beugt Schnecken vor.

Abstand halten!

- Damit die Reihen ein »Gesicht« haben und gerade verlaufen, spannen ordentliche Gärtner eine Pflanzschnur von einem

Mit Hilfe der Knoten in der Pflanzschnur gelingt es leicht, die richtigen Abstände zwischen den Setzlingen einzuhalten.

Beetende zum anderen und orientieren sich daran beim Pflanzen.

• Eine **verbesserte Art von Pflanzschnur** sieht man gelegentlich noch in alten Klostergärtnereien: grobe Schnüre, die in bestimmten Abständen Knoten aufweisen. In diesem Fall geht es nicht nur um gerade ausgerichtete Reihen, sondern auch um korrekte Abstände. Die Seilstücke umfassen eine Beetlänge; sie müssen allerdings sorgfältig ausgelegt, aufgerollt und aufgeräumt werden, weil sie sich leicht verheddern.

• In Fachbüchern findet man bisweilen Angaben wie Pflanzen im Abstand von 18,5 oder 25,5 cm zu setzen. Wer die Schnüre derart auf den Millimeter genau knoten möchte, wird sich bald die Haare raufen. Vier **Schnüre mit Knoten** im Abstand von jeweils 20, 30, 40 und 50 cm reichen im Gemüsegarten vollauf; ganz Pfiffige knüpfen alle 10 cm einen Knoten und begnügen sich mit einem einzigen Seil. Um etwa 1 cm kürzere oder längere Zwischenräume zwischen den Knoten schaffen kein Chaos auf den Beeten; so liegen beispielsweise Abstände auf dem 20-cm-Seil von 19 oder 21 cm durchaus innerhalb der Toleranzgrenze.

Schneiden Sie die Schnur erst von der Rolle ab, nachdem Sie sie verknotet haben, denn die Knoten »schlucken« beträchtlich Schnur. Schneidet man sie vorher nach Augenmaß ab, fällt sie oft zu kurz aus.

• Genauso wie Pflanzschnüre ziehen auch **Holzstücke** verschiedener Länge, die neben Hacke, Schaufel oder Gießkanne im Geräteschuppen hängen, fragende Blicke auf sich. Viele dieser guten Stücke tragen Brandzeichen 20 / 30 / 40 / 50 oder zwei, drei, vier, fünf Kerben.

Dabei ist deren Verwendungszweck durchaus nahe liegend: Pflanzschnüre spannt man mit Hilfe zweier Pflöcke längs über das Beet, die Hölzer schiebt man von einem Setzling zum anderen weiter. Kinder und Jugendliche lassen sich mit Hilfe dieses »Spielzeugs« für das Pflanzen geradezu begeistern. Aufmerksame Eltern schenken ihren Kindern nicht nur die Zentimeter-Hölzer, sondern auch Pflänzchen und lassen sie auf einem Eltern-dürfen-sich-nicht-einmischen-Beet nach eigenem Belieben garteln.

Für die Abstands-, Zentimeter- oder Maßhölzer eignen sich **Bambusrohre** ebenso wie Reststücke von glatt gehobelten **Latten.** Bei ungehobelten Dachlatten besteht die Gefahr, dass man sich bei der Arbeit Spreißel einzieht. Versieht man die Maßhölzer mit einem Loch, kann man sie an einem Nagel aufhängen. Abgebrochene Zollstöcke oder Metermaße leisten beim Abstandhalten zwischen den jungen Pflanzen ebenfalls gute Dienste.

Sommerfrischler

Pflanzen im Topf auf Balkon und Terrasse zu ziehen ist keine Mode des 20. Jahrhunderts. Schon die Großmütter unserer Großmütter hegten und pflegten Lorbeer, Myrte, Granatapfel, Klebsamen und andere schöne, jedoch frostempfindliche Gewächse. Die Pflanzen schmückten Hauseingang, Treppen oder Hof, in herrschaftlichen Häusern den Wintergarten.

Schmucklilie: grenzenlose Freiheit

Vor knapp 400 Jahren, im 17. Jahrhundert, kam die Schmucklilie *(Agapanthus)* vom Kap der Guten Hoffnung nach Europa. Die »sehr harten und kulturwilligen Pflanzen« eroberten schnell die Herzen der Gärtner. Weil nur ältere Exemplare, die ihren Topf vollständig durchwurzelt haben, regelmäßig Blüten ansetzen, bekam jeder, der sich einen Ableger erbettelte, den Tipp mitgeliefert: *»Erst umpflanzen, wenn die Wurzeln aus dem Topf quellen!«*
Doch wer einen Garten hatte, setzte seine Schmucklilie nach den Eisheiligen, Mitte Mai, an einen sonnigen Platz ins Freie. Denn dies fördert ganz wesentlich Wachstum und Blumenflor. Im Herbst topfte man die Sommerfrischler dann wieder ein, teilte sie, falls nötig, und holte sie ins Haus, wo sie frostfrei, aber kühl (bei etwa 10 °C) überwinterten.

Ausflug in den Garten

Fast in Vergessenheit geraten ist die Praxis, **Topfpflanzen** im Frühjahr im Garten **einzusenken,** was nichts anderes heißt, als sie samt Topf in die Erde zu buddeln. Eingesenkte Pflanzen blühen auf, selbst halb tote erwachen zu neuem Leben. Sie entwickeln sich unter anderem so prächtig, weil die Temperatur in ihrem Wurzelbereich geringer schwankt als bei frei stehenden Blumentöpfen. Für den Gärtner bedeutet das gesunde, blühfreudige Pflanzen, die weniger Pflege und vor allem Gießwasser

Schmucklilien setzen nur Blüten an, wenn sie ungestört wachsen dürfen und kühl überwintern. Den Sommer verbringen sie am liebsten im Freien.

Je tiefer die Töpfe im Boden verschwinden, desto geringer ist der Wasserbedarf. Nach dem Einsenken gießt man die Erde in den Töpfen und vor allem außerhalb kräftig, um für guten Bodenschluss zu sorgen.

Den Sommer über im Boden eingesenkte Kübelpflanzen benötigen weniger Wasser als frei stehende.

brauchen, da die Erde das Nass länger hält. Stehen die Pflanzen in Tontöpfen, wie das früher üblich war, saugen sie sogar Feuchtigkeit aus der Umgebung an, sofern kein Hohlraum zwischen Topf und Erde liegt.

Welchen Platz man den Sommerfrischlern zuweist, ob schattig oder sonnig, hängt von den Ansprüchen der Pflanze ab. Bleiwurz, Granatapfel, Bougainvillea oder die früher so beliebte Zitronenverbene brauchen viel Licht und Wärme; in unseren Breiten ist der sonnigste Standort, den man ihnen bieten kann, gerade gut genug. Kamelien benötigen zwar viel Licht, vertragen aber keine pralle Sonne. Ritterstern und Alpenveilchen, die sich im Winter blühend verausgaben, sammeln im Sommer am besten an einem trockenen, schattigen Ort Kraft. Dort fühlen sich auch Azaleen wohl, sofern man dafür sorgt, dass der Topfballen nie austrocknet.

Beliebte Sommerquartiere waren seit je geschützte Plätze unter einem Dachvorsprung an der West- oder Ostseite eines Gebäudes oder der Frühbeetkasten. Jeder Gärtner hatte seine besondere Technik; die einen, vor allem in regenreichen Regionen, senkten die Töpfe nur zu zwei Dritteln in den Boden, andere bis knapp unter den Rand, wieder andere gruben größere und dickstämmige Kübelpflanzen wie Zitrusgewächse völlig ein und bedeckten sogar die Pflanzgefäße mit Erde.

Im Thüringischen und Fränkischen war es üblich, die aus dem Boden ragenden Töpfe zu **mulchen**, am besten mit Löwenzahn, Beinwell oder mit duftenden Kräutern wie Zitronenmelisse und Pfefferminze, die Schädlinge von den Pflanzen fernhalten. In damaligen Zeiten hielt sich die Spanische Wegschnecke *(Arion lusitanicus)* allerdings ausschließlich auf der Iberischen Halbinsel auf und hatte sich in Mitteleuropa noch nicht zur Plage entwickelt. Wer mulcht, sollte auf jeden Fall darunter öfter nach Schnecken Ausschau halten.

Wie bei allen Kübel- und Balkonpflanzen ist auch bei eingesenkten auf **Dickmaulrüssler** zu achten.

Einsenk-Varianten:

- Kübelpflanzen auf die Erde im Frühbeetkasten stellen, Zwischenräume mit Stroh ausfüllen.
- Zinkwannen, Holzbottiche oder Steintröge mit Sand füllen, Topfpflanzen dort eingraben und anschließend den Sand befeuchten. Dies eignet sich besonders für kleine und mittelgroße Pflanzen.

Blüten für die Vase

Täglich landen auf europäischen Flughäfen Frachtflugzeuge, deren Bauch vollgestopft ist mit Rosen, Freesien oder Alstromerien. Früher wurden die Blumen noch nicht rund ums Jahr aus wärmeren Gefilden herbeigekarrt. Und es gab keine Blumenläden. Wer das Haus mit Blüten schmücken wollte, griff auf das Angebot aus dem eigenen Garten zurück. Für die Vase standen nur heimische Gewächse zur Verfügung, und diese hatten zu bestimmten Zeiten Saison.

Sträuße aus dem eigenen Garten übertreffen gekaufte nicht nur an Frische und Haltbarkeit, sondern bestechen auch durch ihre Einzigartigkeit.

Verfrühen und Hinhalten

Wo ein Gärtner ist, ist nicht nur ein Wille, sondern auch ein Weg, heißt ein alter Spruch, und so entwickelten viele Gärtner Kniffe und Tricks, um die Blühperiode zu verfrühen, hinauszuzögern oder zu verlängern.

Um die **Blüte** zu **verfrühen,** wurden gut genährte Pflanzen im Winter mit Wärme verwöhnt. Man setzte sie auf eine **Pferdemist-Packung** ins Frühbeet oder holte sie ins Haus. Obwohl eine dicke Schicht Erde die Pflanzen von der Mist-Heizung trennte, verbrannte die hohe Konzentration an Düngersalzen häufig die Wurzeln; »so vergehen oft die Mütter zugleich mit solch frühzeitigen Kindern«, heißt es warnend in alten Büchern, wobei mit Kindern die Blüten gemeint sind. Ein geringeres Risiko ging ein, wer die Pflanzen im Gewächshaus oder kühlen Zimmer antrieb.

Die **Blüte verzögerten** die Gärtner vergangener Zeiten um bis zu vier Wochen, indem sie

- den Pflanzen eine Hungerkur verordneten oder sie spät verpflanzten.
- die ersten Blütenknospen ausbrachen: *»Wenn man von*

Noch in heutiger Zeit findet man in vielen Bauerngärten Beete mit bunten Blumen, die den Sommer über Nachschub für die Vase liefern.

Topfneglein (Nelken) die ersten Schossen allzeit abbricht, kann man sie damit nach Belieben aufhalten, daß sie erst im späten Herbst oder gar im Winter zur Blüte kommen.«

- die um Jacobi (25. Juli) ausgehobenen Tulpen- und Narzissenzwiebeln nicht um Michael (29. September), sondern erst zeitig im folgenden Frühling wieder in die Erde legten. Die Zwiebeln wurden im Winter kühl und vor Mäusen sicher verwahrt.

Als besondere Kunst galt es, eine Pflanzenart dazu zu bringen, **über einen längeren Zeitraum zu blühen.** Maßliebchen (Gänseblümchen mit gefüllten Blüten) taten das von sich aus.

- **Lilien** pflanzte man in verschiedene Tiefen (5, 10, 15 cm), wobei die kräftigsten Zwiebeln nach unten kamen; hatten sich die letzten ans Tageslicht vorgearbeitet, stülpte man über einige von ihnen, bevor sie ihre Blätter entfalteten, Tontöpfe oder andere irdene Gefäße, um ihren Wuchs durch Lichtentzug zu verzögern.
- **Anemonenknollen** legte man nicht alle zur selben Zeit in die Erde, sondern jeweils um einen Monat versetzt.

Löwenmäulchen antreiben

Die farbenprächtigen Löwenmäulchen gehörten bis weit ins 20. Jahrhundert zu den beliebtesten Sommerblumen, blühen sie doch von Juni bis spät in den Oktober hinein.

Bei guter Pflege halten die Sträußchen zehn Tage lang; und zupft man verwelkte Blüten ab, so öffnen sich die verbliebenen Knospen. Löwenmäulchen haben sich im Laufe der Jahrhunderte so sehr an ihr Vasenleben angepasst, dass sie umso mehr Blütentriebe bilden, je häufiger man welche pflückt. Die Fruchtstände von Löwenmäulchen sehen auch in Trockensträußen gut aus.

Da die Pflanzen in der Regel die Winter in unseren Breiten nicht überleben, zieht man sie jedes Jahr neu an. Gärtner wetteiferten früher um die ersten blühenden Pflanzen im Jahr. Sie säten im Mai, Juni, gruben vor den ersten Frösten im Spätherbst die Pflanzen aus, setzten sie in Tontöpfe oder die Ballen in Holzkistchen und stellten diese in einen Frühbeet-Kasten oder in ein Gewächshäuschen.

Im Januar holten sie die Löwenmäulchen ins Haus an einen hellen, aber kühlen Ort, ähnlich wie dies auch bei Schnittlauch oder Bärlauch Brauch war. Die derart vorgetriebenen Pflanzen blühten bereits sehr zeitig im neuen Jahr.

Mutterkraut im Brautkleid

Das Mutterkraut *(Tanacetum parthenium)* durfte wegen seines vielfältigen Nutzens in keinem Bauerngarten fehlen. Es diente als Heilpflanze bei Frauenkrankheiten, umrahmte üppig blühend Gemüse- und Staudenbeete und lieferte unermüdlich Nachschub für Sommersträuße. Die mit Blüten übersäten Triebe des Mutterkrauts halten in der Vase lange, wurden jedoch auch in Trockensträußen verwendet.

Ein warmer, sonniger Platz und nicht allzu kalkhaltiger Boden ist alles, was diese genügsame Pflanze zum Gedeihen benötigt. Sie verwildert gerne im Garten und sucht sich ihre Lieblingsplätze selbst aus. Von Juni bis September legt das Mutterkraut sein Brautkleid an und umhüllt sich mit vielen kleinen gelben Blütchen, die ihrerseits von weißen Blütenblättchen umkränzt sind. Der streng aromatische Geruch stört empfindliche menschliche Nasen und verwirrt manches Insekt. Um die Möhrenfliege auf Abstand zu halten, begrenzten die Besitzerinnen von Bauerngärten ihre Möhrenbeete mit Mutterkraut und verstreuten auch innerhalb dieses magischen Vierecks einige Samen.

Das genügsame Mutterkraut fehlte früher in keinem Garten, es diente als Heil- und Vasenpflanze.

Bezaubernde Levkojen

Die Levkoje gilt als die schönste und dankbarste Schnittblume überhaupt; auf ihre wohlriechenden Blüten verzichtet kein Gärtner freiwillig. Schon seit rund 500 Jahren wächst die farbenprächtige Schönheit in unseren Gärten, ihre Urmutter stammt aus dem Mittelmeergebiet. Gärtner zogen sie ab Ende Februar in Töpfen am Fenster vor und pflanzten sie bereits ab Mitte April ins Freie, um das Blühen zu beschleunigen. Zwar erhöhte das frühe Säen die Gefahr der Schwarzbeinigkeit – die Stängel faulten in Bodennähe, und die Pflänzchen fielen um –, doch erfahrene Bauerngarten-Besitzer hielten mit Lüften, Trockenhalten der Erde und Gießen mit Kamillentee dagegen. Ab Anfang April säte man direkt ins Beet.

Levkojen gehören wie Kohlgewächse, Radieschen und Meerrettich zu den Kreuzblütlern. Auf trockenen, humusarmen, verkrusteten Böden leiden sie wie diese an Erdflöhen. Von durchlöcherten Blättern lassen sich

Ob eine Levkoje gefüllte oder einfache Blüten trägt, sieht man schon den jungen Pflanzen an, sofern sie kühl angezogen werden. Sämlinge, die nach den Keimblättern bereits die ersten echten Laubblätter gebildet haben, setzt man 14 Tage lang Temperaturen unter 10 °C aus. Mit der Zeit färben sich die Blätter unterschiedlich grün: Einfach Blühende tragen dunkelgrüne Blättchen, gefüllt Blühende hellgrüne. Die dunkelgrünen Pflänzchen reißt man aus, die hellgrünen werden versetzt (pikiert), bei 12–15 °C weiterkultiviert und ziehen später auf das Beet um.

die Pflanzen allerdings nicht vom Blühen abhalten. Besonders die gefüllten Levkojen sind seit je begehrt. Sie setzen keinen Samen an, doch wenn man Saatgut von einfach Blühenden aussät, ist unter den Nachkommen ein hoher Anteil gefüllt Blühender. Sobald die Levkojen zu blühen begannen, begutachteten ihre Gärtner alle drei, vier Tage das Beet und zogen die Pflanzen mit spitzer Blütenform aus dem Boden. Die übrigen, gefüllt Blühenden, schlossen schnell die Lücken.

Wenig bekannt ist, dass die jungen zarten Setzlinge zu den begehrtesten Leckerbissen der **Regenwürmer** gehören. Diese ziehen die zunächst schwächelnden Pflanzen unter die Erde und verzehren sie, sobald sie welken. Legt man in die Reihen neben den unlängst gepflanzten Levkojen einige Hand voll Rasenschnitt, lassen die Regenwürmer die Blumen jedoch unangetastet und holen stattdessen das frische Gras in ihre Röhren.

Da Levkojen sich besonders in Bauerngärten großer Beliebtheit erfreuten und viele Blütenstängel für die Vase geerntet wurden, fiel den Bäuerinnen bald auf, dass die Sträuße länger halten, wenn man sie mit Wurzeln ins Wasser stellt. Um Fäulnis zu verhindern, streiften sie die unteren Blätter ab. Die Levkojen erhielten alle zwei Tage frisches Wasser und darin aufgelöst zwei, drei Prisen Zucker. Dieses Rezept ist bis heute nicht übertroffen.

Ob Levkojen gefüllt oder ungefüllt blühen, verrät bereits die Blattfarbe der Sämlinge. Um die Haltbarkeit zu erhöhen, stellte man sie mit Wurzeln in die Vase.

Dies und Das

Weidenkätzchen im Topf

Das **Treiben von Zier- und Obstgehölz-Zweigen** im Haus war bis Ende des 19. Jahrhunderts eine hoch geschätzte Gartenkunst. Als anmutige Spielerei empfahl ein Gartenschriftsteller vor 100 Jahren das Treiben von Salweiden oder Trauerweiden im Blumentopf, das selbst Anfängern gelingt. Man schneidet dazu im Januar oder Februar etwa 30 cm lange Zweige, steckt diese im Abstand von etwa 5 cm in einen mit Erde gefüllten Blumentopf und stellt ihn ins warme Wohnzimmer ans Fenster. Wird die Erde regelmäßig feucht gehalten, schlagen die Weiden bald Wurzeln – und *»bereits nach einigen Tagen entfalten die*

Reiser Blätter vom zartesten Grün und strecken die lieblichen Kätzchen dem Lichte entgegen.«

Liguster-Hecken und -Körbe

»Reinweide ist ein bekannter Strauch, daraus die Hecke gemachet werden«, heißt es in einem Gartenbuch von 1684. Rain- oder Reinweide ist der alte Name des Ligusters, der neue ist vermutlich vom Lateinischen *ligare* = binden abgeleitet. Aus den biegsamen Zweigen der Reinweide flochten die Menschen nämlich robuste Körbe für Garten und Haus. Die Rinde diente zum Gelbfärben von Wolle.

Liguster gehört seit langem zu den beliebtesten Hecken-Gehölzen, denn er

- stellt kaum Ansprüche an den Boden,
- verbessert diesen und hinterlässt nach dem Roden feinkrümelige Erde,
- nimmt selbst starken Schnitt nicht übel,
- hat eine enorm starke Ausschlagskraft.

Damit die jungen Pflanzen »kraus und dicht wachsen, belegte« man sie »seitlich mit Stangen und Stäben« und flocht die Zweige ineinander, bevor man sie nach drei, vier Jahren erstmals durch starken Rückschnitt zwang, viele Seitentriebe zu bilden. Früher zogen Gärtner ihre Heckenpflanzen selbst an. Vom Liguster schnitten sie dazu im Winter ab Ende Januar 20–25 cm lange Triebe und steckten diese Stecklinge leicht schräg so tief in die Erde, dass nur noch drei Knospen herausschauten.

Mit im Zimmer angetriebenen Weidenkätzchen holte man sich bereits im Winter den Frühling ins Haus.

Unverfrorenes Bubiköpfchen: Die auf Korsika, Sardinien und Elba heimische Pflanze wucherte früher als grüner Teppich zu Füßen von Reben oder Spalierobst. Drohten starke oder lang anhaltende Fröste, deckten Gärtner sie mit trockenem Laub oder Fichtenzweigen ab. Für alle Fälle holten sie auch einige Ableger ins Haus.

Mond-Gärtnern

- **Rote Rüben** und **Runkelrüben** (Futterrüben) sät man bei abnehmendem Mond, damit sie große Rüben bilden. Kommen die Samen bei zunehmendem Mond unter die Erde, treiben die Pflanzen viele Blätter.
- **Rettiche** und **Radieschen** wachsen besonders groß, wenn sie bei abnehmendem Mond gesät werden.
- **Kartoffeln** legten Bauern kurz nach Vollmond, also bei abnehmendem Mond, wollten sie viele und große Knollen ernten. Auch die Ernte erfolgte bei abnehmendem Mond, um Fäulnis und frühzeitiges Keimen im Lager zu verhindern.
- Um Schossen zu vermeiden, sät man **Blatt- und Kopfsalat** bei abnehmendem Mond.
- Viele Blüten und große Hülsen tragen **Dicke Bohnen** oder Puffbohnen, die bei zunehmendem Mond in die Erde kommen.
- **Busch-, Stangenbohnen** und **Erbsen** dagegen sät man bei abnehmendem Mond.
- Völlig aus der Art schlagen **Zwiebeln**. Sie bevorzugen, bei Vollmond gesteckt zu werden. Trifft dieser Tag auf einen Karfreitag, fällt die Ernte besonders reichlich aus und die gelagerten Zwiebeln halten lange.

- Große Kolben von guter Qualität bildet **Zuckermais**, wenn er bei zunehmendem Mond gesät wurde; geerntet werden sollte er bei abnehmendem.
- Bei abnehmendem Mond sät man **Kopfkohl**, und auch die Zubereitung von **Sauerkraut** geschieht am besten in diesem Mondstadium.
- **Öl- und Faserlein** wird zu unterschiedlichen Terminen gesät. Wer Leinsamen ernten möchte, sät bei Vollmond. Haltbare Fasern liefert bei zunehmendem Mond gesäter Flachs.
- Nimmt man von **Kübelpflanzen** bei zunehmendem Mond Ableger, wachsen diese zügig an und kräftig weiter.
- Zwischen Gründonnerstag und Ostersonntag gesätes oder gepflanztes **Gemüse** steht (außer Zwiebeln, siehe oben) unter keinem guten Stern und bereitet dem Gärtner keine Freude.

Grenzgänger

Damit Beete nicht aus der Form gerieten, war es nicht nur in ländlichen Gärten Tradition, die Ränder mit robusten und pflegeleichten Pflanzen einzuzäunen. Eine beliebte und bewährte Einfassung bildete **Gamander** *(Teucrium chamaedrys)*, der zur Familie der Lippenblütler gehört. Das immergrüne, am Grunde verholzende Gehölz wächst nur 30 cm hoch und blüht von Juli bis September. Die purpurnen oder rosafarbenen Blüten locken zahlreiche Insekten an. Weil Gamander reichlich Ausläufer in alle Himmelsrichtungen schiebt, war es üblich, ihn entlang einer gespannten Schnur wie Buchs zu schneiden.

Weit verbreitet war früher der Brauch, die Beete mit grünenden und blühenden Pflanzen wie Gamander einzufassen.

Zu Unrecht vergessen: Sanikel heilt Wunden so wirksam, dass selbst Ärzte heutiger Zeit staunen.

Niedrige (30 cm hohe) zierliche Büsche bildet der **Steinquendel** *(Calamintha grandiflora)*. Seine Blättchen duften verführerisch nach Minze. Von Juni bis August hüllen sich die Pflanzen in ein rosa Blütenkleid, umsummt von unzähligen Bienen und anderen Insekten. Die etwas größere (40 cm hohe) Art *Calamintha nepetoides* trägt von Juli bis November zart violette Blüten. Sie fühlt sich an einem sonnigen Platz ebenso wohl wie im Halbschatten, eignet sich also zum Umkränzen von Gemüse- und Blumenbeeten sowie von Obstbäumen.

Keine Prügelei ohne Sanikel

Sanikel *(Sanicula europaea)* kennt in heutiger Zeit kaum noch jemand. Das wäre früher undenkbar gewesen: Jeder Wundarzt hatte es in seiner Erste-Hilfe-Tasche, Soldaten trugen es in ihrem Marschgepäck, und bei Barbieren lag es neben Schere, Kamm und Rasierzeug. Junge Burschen stopften sich getrocknete Wurzeln in die Hosentasche, bevor sie zum Dorftanz oder zu einer sonstigen Veranstaltung aufbrachen, die gewöhnlich mit einer Rauferei endete. Floss Blut, legte man Sanikel auf die Wunde, diese schloss sich sogleich, und das Prügeln konnte weitergehen. Lonicerus schreibt in seinem Kräuterbuch von 1679 über Sanikel: »*Es ist so heylsam, daß es auch Fleisch im Hafen zusammen fügt, so man die Wurzel darbei thut.*« Das tut es natürlich nicht, aber das Heilkraut stillt kleinere Blutungen und fördert die Wundheilung so nachhaltig, dass kaum Narben zurückbleiben. Moderne Wissenschaftler bestätigten diese Wirkung, nachdem sie die Inhaltsstoffe untersucht hatten.
Der in Europa heimische Doldenblütler war in freier Natur weit verbreitet, wo Heilkundige ihn bei abnehmendem Mond sammelten und anschließend trockneten. Nach und nach hielt er auch in Gärten, vor allem Kloster- und Apothekergärten, Einzug. Man pflanzte das Wundkraut unter Obstbäumen, um Blüte und Fruchtansatz zu fördern, sowie entlang von Hecken.
Die Blätter waren als Mulch für Kohl- und Salatsetzlinge begehrt. Man glaubte, sie würden das Anwachsen fördern, weil sie die verletzten Wurzeln schnell heilen.

auf einen blick

- Samenbäder beschleunigen das Keimen.
- Regelmäßiges Streicheln kräftigt die Sämlinge.
- Verpflanzen Sie morgens oder abends, nie während der größten Mittagshitze.
- Gute Dienste beim Versetzen leisten Pflanzhölzer und geknotete Abstandsschnüre.
- Nach den Eisheiligen in den Garten umgezogene Zimmer- und Kübelpflanzen blühen auf.
- Die Blütezeit von Schnittblumen lässt sich durch die Wahl des Saat- und Pflanztermins verfrühen oder verzögern.

Düngen und Pflegen

Hunger hatten Pflanzen zu allen Zeiten. Unsere Vorfahren tischten ihnen Kompost auf oder pflanzliche Dünger, hergestellt aus Beinwell und Ringelblumen. Beim Jäten, Hacken und Wässern legten sie Wert auf kraftsparende Techniken, um nicht mehr Schweiß als unbedingt nötig zu vergießen.

Gut verrotteter, gebrauchsfertiger Kompost ist dunkel, feinkrümelig und riecht angenehm nach Erde.

Kompost: Der Kreislauf schließt sich

Kompostieren ist durchaus eine Frage des guten Geschmacks, denn egal, ob Kartoffeln, Möhren, Tomaten oder anderes Gemüse – mit Kompost gedüngte schmecken am besten! Die ausgeglichene Ernährung sorgt außerdem für gesundes Wachstum und gute Lagerfähigkeit der Gartenfrüchte.

Kompost gilt seit je als die Sparkasse des Gärtners. Der Haufen wurde je nach Region bevorzugt unter einem Walnussbaum, einem Holunder oder unter Haselnuss-Sträuchern angelegt. Das Blätterdach schützt vor Austrocknung durch Sonne und Auswaschung durch Regen. Moderne Kompostvliese erfüllen denselben Zweck. Obstbäume allerdings haben in der Nähe des Kompostplatzes nichts zu suchen. Die Überdüngung verweichlicht die Gehölze und macht sie anfällig für Frost und Pilz-Infektionen wie Mehltau.

Mancher Gärtner betoniert den Kompost-Platz, »damit es sauber und ordentlich aussieht.« Kompost braucht jedoch Bodenkontakt, denn Regenwürmer und andere Kleintiere wandern aus dem Erdreich in die Miete ein. Wer keine andere Möglichkeit hat zu kompostieren, legt auf die betonierte Fläche zunächst eine Lage Ziegelsteine im Grundriss des Haufens aus und darauf Bretter, um zu verhindern, dass der Kompost im eigenen Saft erstickt.

◀ Ein Garten war früher nicht nur in Notzeiten Gold wert, versorgte er doch die Familie mit Obst und Gemüse nahezu rund ums Jahr.

Laub-Kompost

Im Herbst fallen in vielen Gärten Unmengen von Laub an. Die einfachste Methode, es in wertvollen Humus zu verwandeln, besteht darin, die welken Blätter zwischen die Obstbäume oder Beerensträucher zu rechen und leicht in den Boden einzuarbeiten. Den Rest erledigen Regenwürmer und Mikroorganismen. Wer die Flächen mit Brennnessel-Jauche gießt, beschleunigt den Prozess, da das Zersetzungstempo vom Stickstoffangebot abhängig ist. Neben dieser Art, das Laub flächig zu kompostieren, kann man es auch zu Haufen aufsetzen. Zerkleinerte Blätter verrotten schneller als ganze, deshalb ist es sinnvoll, die Blätter flach ausgebreitet auf dem Rasen zu sammeln und mit dem Rasenmäher darüber zu fahren. Das kleingehäckselte, mit Grasschnitt vermischte Laub aus dem Auffangkorb schichtet man dann mit anderen Garten- und Küchen-Abfällen zu Haufen auf. Wer keine zusätzlichen Abfälle hat, überbraust das zerkleinerte Laub beim Aufsetzen Schicht für Schicht abwechselnd mit Brennnessel- und Kamillen-Jauche. Einige Hand voll Steinmehl locker darüber gestreut fördern ebenfalls die Rotte. Damit der Wind die Blattfetzen nicht verbläst, wirft man auf die oberste Lage einige Schaufeln voll Erde.

Das Aufsetzen von Laub- oder Rasenschnitt-Komposten ist in heutiger Zeit nahezu in Vergessenheit geraten.

Rasen-Kompost

»Rasenschnitt verrottet nicht«, glaubt so mancher Gärtner und wirft ihn in die Mülltonne. Tatsächlich verklumpen und verschimmeln die weichen grünen Halme, wenn sie zu dicht aufgeschichtet wurden. Besser ist es, das Schnittgut flach ausgebreitet einige Tage trocknen zu lassen, bevor man es in dünnen Schichten auf den Kompost gibt. Sammeln sich große Mengen an, setzt man die angewelkte Masse mit Erde und Abfällen vermischt und Steinmehl überpudert zu einer Miete auf. Dieser Kompost enthält viel Stickstoff und ist der ideale Dünger für Tomaten, Kopfkohl und andere Pflanzen mit hohem Nährstoffbedarf.
Grasschnitt eignet sich auch gut zum Mulchen oder als Flächenkompost, sofern man ihn nicht zu dick ausbringt.

Schnecken raus oder rein?

So großen Schaden sie auch auf dem Gemüsebeet anrichten mögen, im Kompost zerkleinern Schnecken die weichen Bestandteile und erfüllen damit eine wichtige Aufgabe. Finden sie dort ausreichend Nahrung, wandern sie auch nicht zu den Salat- oder Kohlrabisetzlingen ab. Ab dem Spätsommer findet man ihre Eigelege im Kompost. Beim Ausbringen des Düngers im Frühjahr verteilt man diese beziehungsweise die jungen Schnecken dann auf den Beeten. Da Hitze die Eier abtötet, setzen erfahrene Kompostgärtner im Herbst den Haufen um und mischen frischen Rasenschnitt dazwischen. Dieser beginnt zu gären und heizt das Ganze auf.

Wohin mit dem Mist?

»Ohne Mist bleibt der Gärtner zeitlebens ein Stümper«, hieß es noch vor 100 Jahren. Kaum eine Pflanze im Garten blieb vor einer **Mistpackung** verschont. Sie diente als Düngung, Frostschutz oder Bodenheizung. Im Herbst hob man rechts und links der Obstbaumreihen Gruben aus und füllte sie mit angerottetem Kuhmist. Auch Gemüse wurde reichlich damit bedacht, oft zu reichlich. Nicht selten schmeckten Rote Rüben oder Weißkohl nach Jauche, und das gehobelte Kraut faulte im Fass, statt zu Sauerkraut zu vergären, weil die Pflanzen mit Stickstoff überdüngt waren. Die mastig gezogenen Gewächse waren zudem anfällig für Krankheiten und Schädlinge.

Im Frühbeetkasten heizte im zeitigen Frühjahr eine dicke, festgestampfte Packung aus Pferdemist den jungen Gemüsepflanzen ein.

Bauernregeln

So viel Nebel im März, so viel Fröste im Mai, so viel Gewitter im Sommer.

April windig und trocken, macht alle Saaten stocken.

Ist der April schön und rein, wird der Mai umso wilder sein.

Warmer Aprilregen bringt großen Segen.

Mairegen auf den Saaten, es regnet Dukaten.

Kuhmist ist zwar ein vorzüglicher Dünger, aber nur in kompostierter Form. Man schichte ihn daher mit Erde vermischt zu Haufen auf, falls vorhanden kann man auch Gartenabfälle mit einarbeiten. Nach zweimaligem Umsetzen ist der dunkle, fein krümelige Kompost gebrauchsfertig. Mit Mist-Kompost verwöhnte Tomaten oder Paprika entwickeln sich besonders prächtig.

Auch Kleinvieh macht Mist

Auch der Mist von anderen Pflanzenfressern wie Kaninchen, Meerschweinchen, Schafen, Ziegen, Tauben oder Hühnern eignet sich in kompostierter Form als Dünger. Früher vermischte man ihn mit anderen Mistarten, in heutiger Zeit fallen bei Hausgärtnern nur geringe Mengen an, die man fein verteilt auf den normalen Kompost gibt. Benötigten Gärtner einen schnell wirkenden Dünger, rührten sie Hühner- oder Taubenmist in Wasser ein und ließen ihn 14 Tage vergären. Anschließend wurde abgeseiht und die Brühe stark verdünnt (1:50) als Dünger verwendet.

Düngende Pflanzen-Jauchen

Pflanzen zu verjauchen und damit zu düngen ist keine Erfindung des 20. Jahrhunderts, sondern eine alte, vor allem von Klostergärtnern erprobte Methode. Jauchen herzustellen gelingt selbst Anfängern und ist weder zeit- noch arbeitsaufwendig. Alles, was man dazu benötigt, sind ein Eimer Wasser und Pflanzen.
Mit der vergorenen Brühe gedüngte Pflanzen ergrünen und blühen auf, da sie alle Nährstof-

Selbst hergestellte Düngejauchen aus Brennnesseln und anderen Pflanzen sorgen für zügiges, kräftiges Wachstum – und sie kosten keinen Cent.

fe erhalten, die sie zu ihrem Wohlbefinden benötigen. Viele Handelsdünger liefern nur Stickstoff, Kalium und Phosphor. Für gesundes und kräftiges Wachstum ist jedoch die gesamte Palette nötig, unter anderem Eisen, Mangan, Zink und Molybdän sowie Stoffe, die das Wurzelwachstum fördern und die Abwehrkräfte stärken. Die leicht verdaulichen Jauchen wirken schnell und ergänzen langsam wirkende Dünger wie Kompost optimal.

Schwester Agatha: »Den Zusatz von Wermut vertragen nur wenige, Johannisbeeren und Stockrosen schützt er vor Rost, aber Gemüse mag den Geruch gar nicht.«

Das Geheimnis der Klosterschwestern

Meisterinnen im Herstellen von **Pflanzen-Jauchen** sind die Schwestern der **Abtei Fulda.** Ihre Erfahrungen geben sie in Vorträgen und in der Broschüre »Pflanzensaft gibt Pflanzen Kraft« weiter. Schwester Agatha Krischer, die den Klostergarten seit über 60 Jahren betreut, verwendet neben Kompost ausschließlich pflanzliche Jauchen, »denn es gibt keinen besseren und preiswerteren Dünger«. Sie hat inzwischen eine so hohe Kunstfertigkeit erlangt, dass sie sich nicht mehr mit dem kleinen Einmaleins der Dünge-Jauchen begnügt und nur Brennnesseln oder Beinwell verjaucht. Ihre Spezialität sind Mischungen. »Auch Pflanzen mögen Abwechslung, außerdem lassen sich dadurch die Vorteile einzelner Jauchen kombinieren.« Aufgrund langjähriger Versuche und Erfahrungen weiß sie, welche Pflanzen welche Mischung mögen.

Anfängern empfiehlt die erfahrene Klosterschwester, sich zwei Gefäße anzuschaffen: In das erste, das größere, gibt man Brennnesseln, Beinwell, Fenchelblätter, Rote Bete und andere Pflanzen, die reich an Nährstoffen, insbesondere Stickstoff sind. Diese Dünge-Jauche regt das Wachstum an. Das zweite Gefäß füllt man mit Kamillenblüten, Lavendel, Pfefferminze, Schafgarbe, Salbei, Thymian und Zitronenmelisse. Diese Jauche stärkt die Pflanzen und fördert deren Abwehrkräfte gegen Krankheiten und Schädlinge. Gefäße: Als Gefäße bewährt haben sich Holzfässer, Mörteleimer, Steinguttöpfe oder Plastiktonnen. Metallene Gefäße eignen sich nicht, da die Jauche das Metall angreift und einzelne Bestandteile herauslöst mit dem Ergebnis, dass die Jauche unbrauchbar wird und das dünnwandige Gefäß mit der Zeit porös.

Man nehme ...

- **Ansetzen:** Pflanzen grob zerkleinern und in das Jauchefaß schütteln, bis es zu gut drei

Vierteln gefüllt ist. Anschließend mit Regenwasser bis 10 cm unter den Rand aufgießen; die Pflanzen müssen vollständig bedeckt sein. Man kann auch auf das Zerkleinern verzichten, dann dauert die Gärung allerdings etwas länger.

Ein Deckel verhindert, dass durstige Vögel oder andere Tiere in das Fass fallen. Damit trotzdem genügend Luft eindringt, klemmt man zwischen Deckel und Fass ein Brett oder einen Holzstab.

• **Vergären:** Schon zwei, drei Tage später beginnt die Gärung, und es steigen schaumige Blasen auf. Da die Pflanzen anfangs nach oben schwimmen, rührt man täglich einige Male kräftig mit einem Holzstab um, um sie zu verteilen und die Brühe zu belüften. Je nach Wetter und Temperatur ist die Jauche nach zwei bis drei Wochen vergoren und gebrauchsfertig. Dies ist der Fall, wenn sie nicht mehr schäumt und sich dunkel verfärbt. Eventuell vorhandene Pflanzenreste sinken auf den Boden.

• **Geruch:** Die meisten Jauchen riechen stark, vor allem während des Umrührens und danach; deshalb sollte man die Gefäße in einiger Entfernung vom Wohnhaus aufstellen. Eingerührtes Steinmehl bindet den Geruch etwas. Die Schwestern in Fulda lösen Steinmehl und ihr Kräuterpulver (Humofix) in Wasser auf, bevor sie es in die Jauche geben. Auf diese Weise bannen sie die unliebsamen Düfte.

In 10 Litern Regenwasser verjaucht man etwa 1 kg frische Pflanzen. Auf das Wiegen kann verzichten, wer das Grünzeug locker in das Gefäß schichtet. Dies entspricht ungefähr der angegebenen Menge. Manche Gärtner pressen die Pflanzen kräftiger zusammen und verdünnen die fertige Jauche entsprechend stärker.

Die Pflanzen werden locker in die Gefäße eingeschichtet. Zerkleinert man die Triebe, beschleunigt dies die Gärung. In die Jauche eingerührte Bindemittel (wie Steinmehl, Humofix, Heilerde) unterdrücken üble Gerüche.

Zum Herstellen von Pflanzen-Jauchen eignen sich Gefäße aus Kunststoff, Holz oder Steingut.

Nur verdünnt anwenden!

• **Verdünnen:** Jauchen unbedingt verdünnen, unverdünnt verbrennen sie Wurzeln und Blätter. Bei zweiwöchentlichen Düngegaben, wie sie vor allem für Setzlinge und andere junge Pflanzen üblich sind, verdünnt man 1:20, bei drei- oder vierwöchentlichem Düngen 1:10.

• **Verwenden:** Die beste Zeit zum Düngen ist kurz vor, während oder nach einem Regen. Die Jauche nie bei praller Sonne ausbringen, nur bei bedecktem Himmel. Und nicht die Pflanzen mit der verdünnten Jauche gießen, sondern den Boden um sie herum. Anschließend die Gießkanne mit Regenwasser füllen und eine zweite Runde durch den Garten drehen, dabei auf die Blätter gespritzte Jauche abwaschen und den vorher ausgebrachten Dünger tiefer in den Boden spülen. Dies ist vor allem dann wichtig, wenn man die Jauche ausnahmsweise auf trockene Erde ausbringt.

Mit dem Bodensatz an Pflanzenresten, die nach der Gärung übrig bleiben, mulcht man Obstbäume und Beerensträucher, oder man gibt ihn auf den Kompost.

Es ist sinnvoller, öfter in hoher Verdünnung zu düngen, als in großen Abständen mit stark konzentrierter Jauche. Wer wöchentlich düngt, verdünnt die Jauche 1:50.

Ab in die Tonne

Die Jauche von Brennnesseln und Beinwell ist besonders nahrhaft, und fast alle Gewächse im Garten sind für einige kräftigende Schlucke dankbar. Deshalb reservieren die meisten Gärtner diesen beiden die größten Tonnen. Doch viele andere Pflanzen ergeben ebenfalls gehaltvolle Jauchen, Borretsch zum Beispiel, Liebstöckl und Fenchel sowie Jätegut. Reich an Stickstoff sind Vogelmiere, Melde, Hahnenfuß und Ehrenpreis. Alle grünen Wegelagerer eignen sich zum Verjauchen, sie dürfen jedoch noch keine Samen tragen. Durch das Vergären werden diese nämlich nicht abgetötet; im Gegenteil, das Verjauchen fördert ihre Keimfreudigkeit.

Beinwell: milde wirkende, an Stickstoff und Kalium reiche Jauche, die kaum riecht und von allen Pflanzen gut vertragen wird. Besonders wohltuend für Tomaten, Kohl, Sellerie, Kartoffeln. Gut geeignet 1:50 verdünnt zum Aufsprühen auf Pflanzen (Blattdünger), Anwendung ein- bis zweimal im Monat.

Brennnessel: an Stickstoff reiche Jauche; Standard-Dünger im Gemüse-, Obst- und Ziergarten für alle, die einen kräftigen Schluck nötig haben. Gemüse ab Mai bis vier Wochen vor der Ernte zweiwöchentlich damit düngen, Blumen, bis sie die ersten Blütenknospen ansetzen.

Kamille: etwa 100 g getrocknete Blüten eine Woche lang in 1 Liter Regenwasser einweichen; vor dem Gießen 1:5 verdünnen. Fördert die Pflanzengesundheit und schützt die Keimlinge und Wurzeln vor Bodenpilzen. Die unverdünnte Jauche einmal monatlich gut verteilt auf den Kompost gegossen, beschleunigt die Rotte und hemmt Fäulnis.

Kohl: Die Blätter aller Arten eignen sich, 3–4 kg/10 l Regenwasser. Besonders gehaltvolle Jauche liefern Wirsing und Grün-

kohl, da sie reich an Stickstoff sind. Guter Dünger für alle Gemüse; dankbar sind vor allem Stangen- und Buschbohnen, Gurken, Kartoffeln, Kürbis, Paprika, Sellerie und Tomaten.
Löwenzahn: Man verwendet Blätter und Blüten, 2–3 kg/10 l Regenwasser. Unverdünnt Obstgehölze und Beerensträucher damit gießen, fördert Wachstum und Fruchtqualität; tut vor allem gelbblättrigen Birnbäumen gut.
Ringelblumen: Blätter oder blühende Pflanzen (ohne Samen) verwenden, 1–2 kg/10 l Regenwasser. 1:10 bis 1:20 verdünnen, Geeignet für alle Pflanzen, vor allem für immer hungrige wie Tomaten oder Kopf- und Blattkohl-Arten. Fördert Wachstum und Gesundheit.
Rote Rüben: 1–2 kg Blätter (Ernteabfälle)/10 l Regenwasser verjauchen. Ergibt ebenso wie Spinat eine sehr stickstoffreiche Jauche; 1:10 verdünnen. Verschafft neu eingesätem und stark beanspruchtem Rasen einen Wachstumsschub.
Tomaten: nach dem Auspflanzen übrig gebliebene Pflanzen und Seitentriebe (Geiztriebe) verwenden. 1:20 verdünnt für Tomaten, Bohnen, Gurken, Kohl, Kürbis, Lauch, Paprika, Petersilie, Sellerie und Zwiebeln.

Grüne Wegelagerer

»Es ist nun einmal so im Gartenbau, je besser der Boden, desto besser gedeiht das Unkraut«, klagt ein Gartenbuch-Autor bereits vor 300 Jahren. Wildkräuter haben gegenüber Gemüse Heimvorteil. Viele wachsen auch bei niedrigen Temperaturen, die Vogelmiere sogar im Winter. Sie behaupten sich auf unter- und überdüngten, stark lehmigen oder sandigen sowie schlecht durchlüfteten Böden, erst recht setzen sie sich auf guten durch. Im Gerangel um Licht, Luft, Wasser und Nährstoffe erobern sie die besten Plätze auf dem Beet. Außerdem bilden viele von ihnen Tausende von Samen, die, selbst wenn die Mutterpflanze gejätet wird, dafür sorgen, dass die Art nicht ausstirbt.
Unkraut ist jedoch nicht gleich Unkraut: Unsere Vorfahren beobachteten ihr Land und dessen Bewuchs genau. Sie verstanden, die Zeichen zu deuten und er-

Gundermann wurde früher als Heilkraut und Gemüse genutzt. Es fehlte in keiner »Gründonnerstags-Suppe«.

Das Franzosenkraut stammt aus Peru, französische Soldaten verschleppten es um 1800 quer durch Mitteleuropa.

kannten, was die Wildkräuter über den Zustand ihres Ackers oder Gartens ausdrücken. Ackerschachtelhalm, Quecke, Löwenzahn oder Kriechender Hahnenfuß weisen auf verdichteten Boden hin. Wo sich Kalium liebende wohl fühlen, wächst Gemüse kräftig und robust. Die Stickstoffanzeiger liefern vorzügliche Dünge-Jauchen. Auch als Mulch sind diese Pflanzen gut geeignet.

Platz gemacht!

Über Wildkräuter lässt sich trefflich jammern oder schimpfen. Dabei gibt es neben der Methode No. 1 (mit Stumpf und Stiel ausreißen) einige hilfreiche, inzwischen kaum noch bekannte Techniken, die den Umgang mit Franzosenkraut, das aus Peru stammt, aber von französischen Soldaten um 1800 eingeschleppt wurde, und anderen in Kompaniestärke auftretenden Kräutern merklich erleichtern.

• Doch vorab noch einige Worte zugunsten der Angeklagten: **Franzosenkraut, Gundermann, Taubnessel, Vogelmiere** und **Ehrenpreis** lassen sich meist ohne große Gegenwehr aus dem Boden ziehen. Diese wuchs-

Worauf Wildkräuter hinweisen:

Kalkhaltiger	**saurer**	**sandiger**	**kaliumreicher**	**stickstoffreicher Boden**
Ackerwinde *(Convolvulus arvensis)*	Acker-Minze *(Mentha arvensis)*	Dreiteiliger Ehrenpreis *(Veronica triphyllos)*	Acker-Gauchheil *(Anagallis arvensis)*	Ackerwinde *(Convolvulus arvensis)*
Adonisröschen *(Adonis aestivalis)*	Knöterich *(Polygonum mite, P. minus)*	Gelber Hohlzahn *(Galeopsis segetum)*	Ehrenpreis *(Veronica arvensis, V. hederifolia)*	Brennnessel *(Urtica dioica, U. urens)*
Klatschmohn *(Papaver rhoeas)*	Sauerampfer *(Rumex acetosella)*	Ochsenzunge *(Anchusa officinalis)*	Erdrauch *(Fumaria officinalis)*	Franzosenkraut *(Galinsoga parviflora)*
Kornrade *(Agrostemma githago)*	Sumpf-Ziest *(Stachys palustris)*		Weißer Gänsefuß *(Chenopodium album)*	Hirtentäschel *(Capsella bursa-pastoris)*
Acker-Stiefmütterchen *(Viola arvensis)*				Schwarznessel *(Ballota nigra)*
				Weiße Taubnessel *(Lamium album)*
				Vogelmiere *(Stellaria media)*
				Wegerich *(Plantago major, P. lanceolata)*

freudigen Wildpflanzen in die Gruppe der Unkräuter einzureihen wäre Rufmord. In Zeiten als Dünger noch rar waren, legte man sie nach dem Ausrupfen als leicht verdauliche Nahrung aufs Beet. Und auch in der **Küche** waren die jungen Blätter und Triebspitzen der vier erstgenannten Kräuter als Salat, Gemüse oder Suppeneinlage begehrt.

• Säen Sie zwischen Gemüse- und Salatpflanzen **Ringelblumen** *(Calendula)*, wie das in alten Klostergärten üblich war. Es eignen sich auch Spinat oder moderne Pflanzen wie **Studentenblumen** *(Tagetes)* sowie andere Sommerblumen, die noch im selben Jahr blühen (Einjährige). Wichtig ist, dass sie schnell die Lücken füllen, um den ungestümen Wilden zuvorzukommen.

Erfahrene Gärtner jäten Wildkräuter wie die Vogelmiere, bevor die Pflanzen Samen ansetzen und für reichlich Nachwuchs sorgen.

Falls die Blumen mit der Zeit das Gemüse zu sehr bedrängen, reißt man einzelne Pflanzen aus und steckt sie in eine Vase oder lässt sie auf dem Beet als Mulch liegen.

• Vor allem in sommertrockenen Gebieten fasste man früher die Beete mit einem 10–20 cm breiten Band aus **Wollziest** *(Stachys byzantina)* oder **Quendel** *(Thymus serpyllum)* ein, um zu verhindern, dass Wildkräuter von außen in die Beete hineinwucherten. Wie unsere Vorfahren richtig beobachteten, unterdrücken beide nachhaltig grüne Konkurrenz, sobald sie sich etabliert haben. Vermutlich geschieht dies nicht nur, indem sie Licht, Wasser und Nährstoffe für sich beanspruchen, sondern auch durch Stoffe, die ihre Wurzeln in den Boden abgeben, Konkurrenten biochemisch in Schach halten. Wo die silbrigweißen Triebe des Wollziests Wurzeln schlagen, gibt es für den Gärtner kaum noch etwas zu jäten. Es soll aber nicht verschwiegen werden, dass Schnecken unter dem Blätterfilz gerne ihre Eier ablegen. In trockenen Regionen oder auf sandigen Böden hält sich diese Gefahr jedoch in Grenzen. Die grünen Sperrzonen an den Beeträndern erfüllen ihren Dienst viele Jahre lang.

Wollziest überwuchert rasch kahle Stellen und unterdrückt Wildwuchs wie kaum ein anderes Gewächs.

• Demselben Zweck dienten Beetumrandungen aus dicht gepflanzter **Zitronenmelisse.** Diese Unkrautsperre liefert zudem zwei-, dreimal pro Saison duftende Melissenblätter für Tee oder Mulch.

• Eine alte Gärtnerweisheit besagt: **Zweimal gründlich jäten** auf den Gemüsebeeten genügt, und zwar je nach Witterung etwa vier und acht Wochen nach der Saat oder Pflanzung. Der Boden darf beim Jäten nicht zu nass und nicht zu trocken sein. Erfahrene Gärtner haben es im Gefühl, wann »es passt« und zu welchem Zeitpunkt die Wildkräuter ihnen den geringsten Widerstand entgegensetzen.

• Diese Gärtnerregel gilt seit biblischer Zeit: **Jäten, bevor die Pflanzen zu blühen beginnen!**

In Gärten, die üppig eingewachsen sind, haben Wildkräuter keine Chance, große Flächen zu erobern.

Haben Hirtentäschel und andere kinderreiche Pflanzen nämlich erst einmal ihre Samen auf den Beeten verteilt, vervielfacht sich die Arbeit.

• Um sich das zeitraubende »Ausgrasen« im Frühjahr zu ersparen, legt man auf abgeernteten Beeten im Herbst **Zeitungspapier** aus (5–10-lagig) und streut eine dünne Schicht Erde darüber. Der Lichtmangel verhindert das Keimen von Unkrautsamen. Bis zum Frühjahr ist das Papier verrottet und das Beet frei für die nächste Gemüse-Generation.

• Eine Methode, die besonders in trockenen Gegenden funktioniert: Die Beete etwa vier Wochen **vor der Saat** oder dem Bepflanzen durchdringend **gießen,** bei starker Trockenheit zwei-, dreimal im Verlauf von zehn Tagen. Sobald die Wildkräuter sprießen, diese abhacken oder schuffeln. Manche Autoren historischer Gartenbücher empfehlen, diese Methode sogar ein zweites Mal vor dem Bepflanzen durchzuführen. Da aber Wasser, Wind und Tiere wie Ameisen Samen von Wildkräutern verschleppen, ist es sinnvoller, schon nach einmaligem Unkrauthacken mit dem Gemüse-Gärtnern zu beginnen.

• **Walnuss-Laub** im Herbst auf die leer geräumten Beete rechen (harken), mit einer dünnen Schicht Erde bedecken. Die Gerbsäure, die der Regen aus den Blättern wäscht, wirkt keimhemmend. Bis zum Frühjahr lässt die Wirkung nach und die Beete können bepflanzt werden.

• **Wurzelunkräuter** wie Quecke und Giersch nicht direkt auf den Kompost geben, sondern erst verjauchen. Wer Brennnesseln mit in das Gefäß gibt, beschleunigt die Gärung. Frühestens nach drei Wochen die Grünmasse kompostieren.

Giersch-Geschichten

Giersch *(Algopodium podagraria)* bevorzugt lehmige, feuchte, stickstoff- und humusreiche Standorte. Er drückt sich gerne im Halbschatten von Obstbäumen herum und bildet dort mit Hilfe seiner langen Wurzelausläufer dichte Kolonien, die kein anderes Grün neben sich dulden. Bereits in alten Gartenbüchern wird gewarnt, dass Giersch alles überwuchert und Stauden, sogar niedrige Laub- und Nadelgehölze zum Absterben bringen kann. Wie Fesseln legen sich seine Wurzeln um die anderer Pflanzen und ersticken sie, selbst wenn diese dicker und stärker sind als die eigenen.

• Ihn zu essen sei die beste Bekämpfung, heißt es, aber wer mag schon tagein, tagaus Giersch auf dem Teller? Auf regelmäßig bearbeitetem Land stirbt der Giersch mit der Zeit, wie schon unsere Vorfahren bemerkten. Probleme bereitet er, wenn er sich auf liebevoll angelegten Flächen einnistet, im Staudenbeet etwa oder zwischen Zwiebelblumen. Ihn dort loszuwerden bedeutet, die Erde Schaufel für Schaufel ausheben und jedes einzelne Wurzelstück entfernen. Wer auf Nummer Sicher gehen will, **siebt die Erde durch.** Selbst das kleinste im Boden verbliebene Stück macht alle Mühe zunichte, denn innerhalb weniger Jahre gründet es eine neue, noch größere und prächtigere Kolonie als vorher.

Zum gierig wuchernden, alles vereinnahmenden Giersch haben viele Gärtner ein zwiespältiges Verhältnis.

• Früher rückte man Giersch außerdem zu Leibe, indem man gänzlich überwucherte Flächen zwei, drei Jahre lang im Herbst dick mit **strohigem Mist** bepackte, darauf etwa 10–20 cm Erde warf und diese im Frühjahr mit schnell keimenden und dicht wachsenden Pflanzen wie Kohlrüben, Ackersenf besäte. Zwei, drei Lagen unbedruckter **Pappe,** beschwert mit einer 20–30 cm dicken Schicht aus Gartenabfällen, Rasenschnitt oder anderem Mulch, erzielen denselben Effekt.
• Sind große Flächen verunkrautet, baut man zwei Jahre hintereinander **Kartoffeln** auf der Fläche an. Der Bestand muss dicht schließen, um den Giersch vom Licht abzuschneiden, deshalb die Knollen enger legen als gewöhnlich (15–20 cm); vorher die Fläche grob vom Giersch reinigen.
• Gehölze, zu deren Füßen sich der Doldenblütler widerrechtlich breit macht, unterpflanzt man ebenfalls möglichst eng mit Kartoffeln, mindestens zwei, bei Bedarf drei Jahre lang.
• Kleinere Giersch-Nester mulcht man mit rohen Kartoffelschalen, die man großzügig mit Grasschnitt, Beinwell oder ähnlichem Grünzeug abdeckt. Eine doppelte Schicht Pappe zwischen Schalen und Mulch erhöht den Erfolg.

Feinschmecker schätzen Giersch als Gemüse. Die Blüten locken Schwebfliegen und andere Nützlinge an.

• **Günsel** *(Ajuga reptans)* auf befallene Flächen gepflanzt, unterdrückt das Kraut ebenfalls. Jätet man den Giersch ab und zu, bestehen so gute Chancen, ihn ganz loszuwerden.
• In alten Gartenbüchern wird Giersch aber nicht nur verdammt, sondern auch als **guter Bodendecker** gelobt, »der Unkraut

Verjauchter Giersch liefert einen guten Dünger für Kohlgewächse. Mit zerquetschten Gierschblättern, die man als Pflaster auf die betroffenen Stellen legte, linderte man früher Gicht- und Rheumaschmerzen.

unterdrückt«. Manche Autoren empfehlen deshalb, das wuchernde Kraut am Rande des Gartens unter einer Hecke oder dergleichen zu dulden. Am Einwandern in die Gemüsebeete hindert es eine 20 cm tiefe Bodensperre aus Holzpfählen oder Steinplatten. Die Blüten locken zahlreiche Insekten, Schwebfliegen und andere Nützlinge an. Bevor die Samen ausfallen, entfernt man die Blütenstände.

• **In der Küche** verwenden Feinschmecker die schmackhaften jungen Blätter nicht blühender Pflanzen. Sie sind reich an Mineralstoffen, Carotinoiden und Vitaminen, vor allem Vitamin C.

Quecken geben über ihre Wurzeln Stoffe in den Boden ab, die andere Pflanzen am Wachsen hindern.

Wer Giersch erst einmal als Delikatesse entdeckt hat, ändert seine Meinung über diesen munteren Wegelagerer. Statt von Unkraut spricht man von Gemüse, und der derart Geadelte macht sich schnell rar im Garten, sobald er den Stimmungswandel bemerkt.

Quecken-Alarm

Reicht man ihr den kleinen Finger, nimmt sie die ganze Hand. Dies gilt für die Quecke wie für andere Wurzelunkräuter. Vom Giersch nimmt man es an, von der Quecke weiß man es: Sie duftet sich den Weg frei, indem sie Stoffe in den Boden abgibt, die andere Pflanzen am Wachsen hindern. Quecken bohren sich sogar durch Kartoffelknollen im Boden.

In »Quecke« (wie in »quicklebendig«) steckt das alte deutsche Wort für »munter, lebhaft, schnell«. Landläufig spricht man von Wurzeln, doch eigentlich verbreitet sich das Gras durch unterirdische Sprosse (Rhizome). Es tritt häufig auf kalkhaltigen, verdichteten Böden auf; aus lockerer, humoser Gartenerde oder aus einer dicken Mulchschicht lässt es sich in seiner vollen Länge leicht herausziehen und kann sich dort deswegen nicht lange halten.

Für Gänse, Enten und anderes Federvieh sind die nahrhaften Blätter der Quecke ein Leckerbissen.

• In alten Zeiten schickte man eine Herde **Schweine** auf verqueckte Äcker, bevor man das Land im folgenden Jahr pflügte und einsäte. Die Tiere gruben sogar die Wurzeln aus.

• Auch **Gänse** haben das Gras zum Fressen gern und halten es kurz. Unter Aufsicht jätet das Federvieh selbst kultivierte Flächen gründlich und ohne Schaden anzurichten. Dies ist zum Beispiel sinnvoll bei jungen Kartoffelpflanzen, solange diese noch nicht den gesamten Boden bedecken.

• Eine jahrhundertealte Gärtnertradition ist es, auf stark vergrastem Land zwei Jahre lang **Kartoffeln** anzubauen. In der Regel genügt wie beim Giersch zweimaliges Durchhacken und Anhäufeln, bis die Pflanzen die Fläche lückenlos beschatten und die lichtbedürftige Quecke aushungern. Anschließend sollte das Beet nie mehr brachliegen. Rechtzeitiges Einsäen von Gründünger verhindert, dass sich die Quecke wieder breit macht.

- Verunkrautete Beete nur durchzuhacken ist nicht sinnvoll. Im Gegenteil, man hilft der Quecke dadurch auf die Sprünge, da aus den Wurzelstücken unzählige junge Pflanzen sprießen.
- Eine **dicke Mulchschicht,** zwei-, dreilagig mit brauner Pappe unterlegt, hungert die Quecke aus. Klebstreifen und Metallklammern entfernt man vor dem Auslegen. Mit **Teichfolien** erzielt man denselben Effekt, doch lassen diese weder Luft noch Wasser passieren.
- Es ist Brauch, einzelne Queckenwurzeln am Gartenzaun zu trocknen. Anschließend warf man sie auf den Misthaufen; in heutiger Zeit gibt man sie beim Aufsetzen in die Mitte des Komposts oder in die Biotonne. Vor nachlässigem Umgang sei gewarnt: Nicht vollständig gedörrte Wurzeln saugen sich rasch wieder voll Wasser und wuchern, sobald sie in die Erde gelangen.
- Wer schon einmal frisch gejätete Quecken auf den Kompost warf, weiß, welche verheerende Wirkung dies hat. Das Gras übernimmt den Düngehaufen und wuchert ihn zu, ehe man sich versieht. Dennoch: **Quecken liefern hervorragenden Kompost.** Damit das Vorhaben gelingt, legt man auf die vorgesehene Fläche ausgestochene Grassoden mit dem Grün nach unten, es dürfen auch zwei Lagen sein. Zwei, drei Schichten unbedruckter brauner Karton erfüllen denselben Zweck. Darauf schichtet man bis 1,5 m hoch das Jätegut: Halme, einzelne Wurzeln und von Wurzeln durchzogene, fest verklumpte Erdschollen, und streut jeweils etwas Kalk dazwischen. Wer über Rasenschnitt oder einen anderen leicht verdaubaren grünen Abfall verfügt, legt eine 5–10 cm dicke Schicht darauf. In jedem Fall wird der Haufen mit einer Lage Erde abgedeckt, etwa eine Handbreit hoch, und zwar von allen Seiten. Wer die Quecken in einem modernen Behälter aus Holzlatten kompostiert, deckt nur oben mit Erde ab. Frühestens nach einem halben, spätestens nach einem Jahr schaufelt man den Haufen um, um ihn zu belüften. In der Regel ist nochmaliges Umsetzen nötig, bevor alle Wurzeln vollständig verrottet sind. Der feinkrümelige Kompost düngt und unterdrückt Wildwuchs auf den Beeten, da beim Zersetzen der Queckenwurzeln ebenfalls **wuchshemmende Stoffe** frei werden.

Gründliches Jäten und Auslesen selbst der kleinsten Wurzelstücke geschieht am besten im Frühjahr, bevor die Pflanzen neue Halme schieben. Übersehene und bald darauf austreibende Wurzelreste unbedingt konsequent entfernen, sonst sieht das Beet bald wieder so aus wie vorher und ist voller quicklebendiger Quecken.

Eine dicke, absolut lichtundurchlässige Mulchschicht hungert selbst die unverwüstlichen Quecken aus.

Quecken liefern einen hervorragenden Kompost. Die beste Zeit zum Jäten ist das Frühjahr.

Weil er meist nur in kleinen Mengen zur Verfügung steht und wegen seiner Wachstum und Gesundheit fördernden Wirkung, reservierten Gärtner Queckenkompost gerne für kränkelnde Pflanzen, zum Beispiel »blutarme« und unter Kräuselkrankheit leidende Pfirsichbäume. Die damit behandelten Pflanzen ergrünten und wuchsen derart, dass mancher Gärtner anfing an Wunder zu glauben. Bei Gehölzen legt man den Kompost im Wurzelbereich aus und bedeckt ihn großzügig mit grünem Mulch; auf dem Gemüse- oder Staudenbeet arbeitet man ihn vor dem Pflanzen oberflächlich in den Boden ein.

• Wenn Hunden übel ist, fressen sie gerne Quecken (ist ihnen speiübel, übergeben sie sich hinterher). Die heilkräftige Wurzel linderte auch manches menschliche Leiden, bevor sie als Unkraut verschrien wurde. In der Volksheilkunde nutzte man ihre schleimlösende, schweiß- und harntreibende Wirkung bei **Husten und Bronchitis, Harn- und Nierenleiden.** Auch bei Gelbsucht und anderen Leberbeschwerden leistete sie wertvolle Dienste. Im 21. Jahrhundert stecken zerkleinerte Queckenwurzeln in vielen Gesundheits-, vor allem Blasen- und Nieren-Tees; die Pflanze wird für medizinische Zwecke inzwischen sogar feldweise angebaut.

• Wer den angenehm schmeckenden **Queckenwurzel-Tee** ausprobieren möchte, holt im zeitigen Frühjahr vor dem neuen Austrieb die fleischigen Wurzeln mit der Grabgabel aus dem Boden. Man sucht sich die schönsten aus, wäscht sie gründlich und zerschneidet sie mit der Gartenschere in möglichst kleine Stücke (1–2 cm). Solange die Wurzeln noch frisch und weich sind, gelingt dies meist, ohne sich Blasen an den Händen zu holen. Anschließend werden sie im Dörrgerät, auf dem Kachelofen oder einem Heizkörper (maximal 50 °C) gründlich getrocknet. Für den Tee: 3 TL Wurzelstücke in einen Topf geben, 1/4 l kaltes Wasser zugeben, langsam zum Kochen bringen, 5–10 Minuten ziehen lassen; zwei bis drei Tassen am Tag trinken.

Gießen – aber bitte richtig

»Die Erde ist der Gewächse Vater, das Wasser ihre Mutter«, lautet ein lateinisches Sprichwort. Und als die beste Begießung für junge Pflanzen galt die, »welch von dem gütigen Himmel geschiehet«. Manchmal meint es der gütige Himmel aber zu gut: Blüten verregnen, Pflanzen verfaulen, Früchte verpilzen. Da war es Gärtnern früherer Zeiten lieber, fehlenden Regen mit der Gießkanne zu ersetzen, als mit allzu reichlich Segen von oben bedacht zu werden. Bei Dauerregen legte man im Freien stehende Topfpflanzen auf die Seite, damit die Erde nicht durchgespült und die Nährstoffe ausgewaschen wurden.

Regenwasser zu sammeln lohnt sich. Die meisten Pflanzen mögen das weiche Nass lieber als kalkhaltiges Leitungswasser.

- Schon Schriftsteller der Antike achteten beim Gießwasser auf Qualität. Die Traumnote 1 gebührt damals wie heute dem **Regenwasser.** Brunnenwasser galt als hart und roh. Hart, also kalkhaltig, ist vielerorts auch Leitungswasser und deshalb außer für Oleander und einige andere kalkverliebte Pflanzen nicht zu gebrauchen – ungeeignet zum Wässern oder »Netzen«, wie man in Sachsen sagt.
- Auch an den sonstigen Gießregeln hat sich seit der Antike kaum etwas geändert: Im Sommer **nie mittags** gießen, weil sonst die Sonne eine »schädliche Kruste« bildet und ein großer Teil des Wassers verdunstet.
- Pflanzen nicht erschrecken! **Nur mit angewärmtem Wasser** netzen, niemals mit kaltem Brunnen- oder Zisternenwasser. Zum Aufheizen das Wasser in einen Trog, eine ausrangierte Badewanne oder eine Regentonne pumpen, den Rest erledigt die Sonne. Vor allem Gurken verleidet kaltes Wasser das Wachsen. Diesen verfrorenen Gewächsen wärmten Bäuerinnen das Wasser auf, indem sie erhitzte Molke einrührten.
- **»Wer jeden Tag gießt, macht etwas verkehrt.«** Diese Mahnung hören Anfänger häufig. Wenn es 20 Liter auf einen Quadratmeter regnet, genügt das, um einen Menschen bis auf die Haut zu durchnässen, Schnupfen inklusive; in ausgetrocknete Erde dringt das Wasser kaum mehr als zwei Zentimeter tief ein. Prasseln die schweren Tropfen gar aus einem Gewitter, läuft das kostbare Nass in Rinnsalen auf der verkrusteten Oberfläche ab. Deshalb: Ein kurzer Sommerregen entbindet nicht vom Gießen. Und wenn man sich die Mühe macht zu gießen, dann bitte richtig!

Richtig bedeutet in diesem Fall, viel. Wer eine Gießkanne voll Wasser (10 l) auf einem Quadratmeter Beet verteilt, hat nicht gegossen, zumindest nicht so,

Viele Pflanzen kommen in unseren Breiten im Sommer nicht mit dem Wasser aus, das vom Himmel fällt. Sie müssen regelmäßig gegossen werden.

dass das Gemüse daraus Nutzen zieht. Da das Wasser nicht tief in den Boden dringt, werden die Pflanzenwurzeln gezwungen, nach oben zu wachsen, um wenigstens einige der Tropfen zu ergattern, die ihr Gärtner ihnen gönnt. Dadurch erhöht sich die Anfälligkeit der Gewächse gegen Trockenheit. Dies gilt für krautige Pflanzen wie für Gehölze. Je tiefer die Wurzeln in den Boden kriechen, desto höher ist die Wahrscheinlichkeit, dass sie sich in dauerfeuchten Zonen befinden. In lockerer, humoser Erde wurzelt selbst Salat bis einen Meter tief, viele andere Gemüsearten dringen sogar noch weiter vor. Wenn man nach gründlichem Gießen den Boden um die Pflanzen noch etwas mulcht, sind diese für mehrere heiße Tage mit Wasser versorgt.

Humusarmer Boden verschlämmt und verkrustet. Bei starker Trockenheit reißt er schollenförmig auf.

• Das **Gießwasser verbesserten** unsere Vorfahren, indem sie getrockneten Schaf- und Rindermist zerrieben und unterrührten. Auch Milch, Molke oder das Blut von Schlachtvieh mischte man hinein, um Wässern und Düngen in einem Arbeitsgang zu erledigen.

Was tun bei »Säufern«?

• Mancherorts war es üblich, neben den immer hungrigen und durstigen Kürbissen einen Eimer voll Wasser etwas erhöht auf einen Stein zu stellen. Dort hinein hing man einen alten Lappen oder ein wollenes Band und feuchtete sie an. Das andere Ende grub man im Wurzelbereich des Kürbisses ein. Manchmal passierte es, dass im Laufe der Zeit der Wasserfaden abriß und das Saugband austrocknete, zum Beispiel weil es zu kurz war und nicht bis zum Grund des Eimers reichte. Der Stoff wurde erneut angefeuchtet und das Wasser im Gefäß aufgefüllt, und schon sickerte das Nass wieder in den Boden.

• Eine einfachere Gieß-Methode besteht darin, **große Tontöpfe** neben Tomaten, Kürbissen und anderen schnell schlapp machenden Pflanzen einzugraben und diese regelmäßig mit Wasser zu füllen.

• Erfahrene Gärtner ziehen nach dem Setzen, egal, ob Gemüse oder Gehölze, einen **magischen Kreis aus Erde** um die Pflanzen. Dieser Wall oder Gießrand verhindert, dass das Wasser in alle Richtungen davonläuft, statt in die Wurzelzone einzusickern. Fürsorgliche Gärtner häufeln zudem noch einen zweiten Wall an, etwa 20 cm vom Stamm entfernt. Er schützt den empfindlichen Stammgrund und Wurzelhals vor Nässe. Denn diese begünstigt das Eindringen von Pilzen, die Wurzel- und Stammfäulen verursachen.

Wasser für den Baum

• Um **große Obstbäume** hoben ihre Besitzer im äußeren Kronenbereich einen etwa 10 cm tiefen Ringgraben aus, um das Wasser gezielt zu den Saugwurzeln an den Wurzelspitzen zu leiten. Im Frühsommer mischte man in das Wasser auch Kuhmist und düngte somit gleichzeitig.

• Wer **in Trockenzeiten** nicht bereit ist, seinen Bäumen mit mindestens 50 l zu Hilfe zu eilen, bleibt am besten im Gartenstuhl sitzen – denn weniger wäre Zeit- und Wasserverschwendung, da nur geringe Mengen die Wurzeln erreichen. Kurzes Aufstehen erfordert eine andere Methode: Man legt den **Wasserschlauch** außen auf die Baumscheibe, auf abschüssigem Gelände an die höchste Stelle, und dreht den Hahn nur so weit auf, dass das Wasser tropft, allenfalls als winziges Rinnsal fließt. Dieser Tropfschlauch bleibt etwa einen halben Tag lang, bei Bedarf auch über Nacht und länger im Obstgarten liegen, bis alle Bäume versorgt sind. Nach einigen Stunden wechselt man die Position des Schlauches auf der Baumscheibe.

• Besonders gut mit Wasser versorgen lassen sich Bäume, denen man beim Pflanzen einen armdicken **Drainageschlauch** aus dem Baumarkt ringförmig in die Pflanzgrube legt. Die Grube sollte sehr geräumig sein, damit der Bewässerungsring das wachsende Wurzelsystem nicht einschnürt. Ein Ende des Kunststoffrohres führt man an die Oberfläche im äußeren Kronenbereich. Bei Bedarf gießt man in diese Öffnung. Da das Rohr perforiert ist, sickert das Wasser in den Wurzelraum ein. In Ruhezeiten verschließt man die Öffnung, um Mäusen und anderen Interessierten den Zugang zu verwehren. Ein mit Löchern versehener eingegrabener dicker Schlauch leistet ähnlich wertvolle Dienste.

Falsch gepflanzte Bäume, bei denen der Wurzelballen halb aus der Erde herausschaut, trocknen leicht aus.

Hacken und Mulchen

»Einmal Hacken ersetzt zweimal Gießen«, heißt es. Hacken lockert und belüftet den Boden, und Sauerstoff ist für die Wurzeln ebenso wichtig wie Wasser.

Kleine Kulturgeschichte der Hacke

Zu Zeiten unserer Großeltern lebte in Sachsen ein alter Gärtnermeister, der jedem neuen Lehrling einbläute: *»Das erste gärtnerische Werkzeug war ein*

Hacken ersetzt nicht nur zweimal Gießen, es lockert außerdem verkrustete Oberflächen, belüftet den Boden und stört keimende Wildkräuter.

Stock, um Wurzeln auszugraben, und das zweite, das unsere Vorfahren erfanden, war die Hacke, um den Boden aufzureißen und zu säen – also halte sie in Ehren.« Der Gärtnermeister irrte, der Spaten entstand vor der Hacke. Er ist der direkte Nachfahre des Grabstocks, wie er ähnlich noch in heutiger Zeit von den Nachfahren der Inkas in den Anden benutzt wird. Spaten waren ursprünglich aus Holz, die ersten Hacken vermutlich auch, aber um haltbare herzustellen, benötigte man Metall und ein bisschen handwerkliches Geschick. Letzteres besaßen unsere Vorfahren, die Kenntnis, bronzene oder eiserne Werkzeuge zu schmieden, mussten sie sich erst erarbeiten. Tatsächlich sind Hacken so alt, dass keiner mehr weiß, wann die erste entstand. Auf das hohe Alter deuten auch die vielen verschiedenen Formen hin. Fast jede Region, jeder Volksstamm hatte seine eigene, nur in dieser bestimmten Gegend gebräuchliche Haue oder Hacke. Es gab Kraut-, Hopfen- oder Spargel-Hauen. Bergvölker benutzen kurzschäftige und im spitzen Winkel nach innen gebogene Hacken. Auf steinigen Böden, wie sie in der oberbayerischen Schotterebene auftreten, verwendete man nach vorne spitz zulaufende Hauen. Breite Hackblätter deuten auf Arbeiten in abschüssigem, lockerem Boden hin, wie man ihn in Rebanlagen vorfindet.

Früher arbeitete man vornehmlich mit den kräftezehrenden **Schlag-Hacken,** in heutiger Zeit haben sich die leichteren Zieh-Hauen durchgesetzt. Schlag-Hacken schlug man von Schulter- oder Hüfthöhe mit Schwung in den Boden, zog sie rüttelnd heraus, holte Schwung ... Dabei ging man vorwärts und trat einen Teil des gelockerten Bodens wieder fest. Mit der Zieh-Hacke geht man rückwärts und zieht nach dem Eindringen der Hacke in den Boden diese einen viertel bis halben Schritt zum Körper hin, hebt sie knapp kniehoch, lässt sie wieder in den Boden fallen, zieht sie zum Körper… Sinn des Brachens, wie in Franken das Durchhacken hieß, ist es nicht, den Boden tiefgründig zu lockern, sondern die verkrustete Oberfläche aufzubrechen und etwaiges Unkraut von seinen Wurzeln zu trennen. Die Gemüsebeete hackten gewissenhafte Gärtner zwei- bis dreimal im Laufe des Sommers durch. Geschliffen wurden Hacken an einem Schleifstein, heutige Handwerker verwenden dazu eine Schleifmaschine (Schutzbrille aufsetzen!). Gelegentlich lockert sich der Stiel im »Haus«, wie Fachleute sagen. Verbringen die Hacke und ihr wackelnder Stiel einen oder zwei Tage in einer Regentonne oder stellt man sie in einen Eimer Wasser, quillt das Holz auf und sitzt wieder fest im Metallring.

Je größer das Gemüse ist und je mehr die Flächen zugewachsen sind, desto seltener müssen Gärtner zur Hacke greifen.

Nicht nur Spaten, alle Arbeitsgeräte sollten gepflegt und falls nötig geschärft oder nachgestellt werden.

Bis zum Hals in Erde

Für festen Stand und ein starkes Wurzelsystem sorgt das Anhäufeln des Gemüses mit Erde, das früher zum kleinen Einmaleins jedes Gärtners gehörte. Angehäufelt werden Dicke Bohnen, Erbsen, Gurken, Tomaten, alle Blatt- und Kopf-Kohlarten, Kartoffeln und Porree. Erdbeeren, Salat, Spinat, Feldsalat und alle anderen Pflanzen mit gestauchtem Stängel und Rosettenblättern benötigen diese Hilfe nicht. Ihr Herz sitzt sehr tief, nahe am Boden, und würde verfaulen oder ersticken.

Hacken und Anhäufeln erledigen routinierte Gärtner in einem Arbeitsgang: Mit der Hacke zieht man rund um die Pflanze trockene Erde zum Stängel hin. Besonders gewiefte Gärtner handelten nach dem Motto: Einmal Anhäufeln ersetzt zweimal Gießen. Sie gossen die durstigen Pflanzen durchdringend, hackten dann die Beete durch und zogen dabei trockene Erde über die feuchten Stellen und häufelten an. Da der nasse Boden nun bedeckt war, verringerte sich die Verdunstung deutlich.

Abgedeckter, gemulchter Boden trocknet langsamer aus als offener. Wer auf diese altbewährte Methode zurückgreift, muss seltener oft hacken und gießen.

Fitmacher Mulch

• Mulchen hat viele Vorteile: Mit Pflanzenresten beschatteter Boden bleibt länger feucht, locker und gut durchlüftet und liefert zudem den Bodenlebewesen Futter, die ihrerseits die Wurzeln mit Nährstoffen und die Erde mit dem Wasser- und Nährstoffspeicher Humus versorgen.

Regel Nummer eins beim Mulchen: Die grüne Decke darf nicht am Stängel oder Stamm anliegen. Ein kleiner Halsring bleibt frei. Dies ist um sowichtiger, je dicker die Mulchschicht ist, und beugt Fäulnis und anderen Pilz-Attacken vor.

Außerdem unterdrückt eine Mulchdecke das Aufkommen von Wildkräutern.

• Meist ist das Grünzeug knapp und muss gerecht unter den Bedürftigen verteilt werden. Setzlinge, die länger als etwa eine Woche auf dem Beet stehen, werden bevorzugt behandelt. Sie sind mehr als alle anderen auf lockeren, gleichmäßig feuchten Boden angewiesen. Wer sofort nach dem Setzen mulcht, muss allerdings wirksame Maßnahmen gegen Schnecken ergreifen.

Auch alle Kulturen, die langsam wachsen und lange auf dem Beet bleiben, wie Sellerie oder Kohl, schätzen die grüne Decke. Dies beugt zudem Erdflöhen vor, die Kohlgewächse und verkrusteten Boden lieben, da sie glatte Absprungflächen benötigen. Gemulchte Kartoffeln bleiben länger von der Kraut- und Knollenfäule *(Phytophthora infestans)* verschont als ungemulchte: Regentropfen spritzen die Pilzsporen von der Erde auf die Pflanze; treffen sie auf Mulch, verhindert dies die Infektion.

• Nährstoff-Fresser wie **Tomaten** und **Paprika** sind ebenfalls auf gleichmäßig feuchten Boden an-

Die immer hungrigen und durstigen Tomaten sind für eine dicke Mulchschicht besonders dankbar.

gewiesen, denn auf trockenem bricht der Nährstoffnachschub ab. Himbeeren und Brombeeren, die sehr flach wurzeln, haben das Nachsehen, wenn die oberste Erdschicht austrocknet. Als ehemalige Waldpflanzen sind sie an eine dicke, luftig lockere Schutzschicht aus Laubstreu gewöhnt. Nur Lavendel, Salbei, Zistrosen, Kakteen und die anderen an Trockenheit angepassten Pflanzen verabscheuen es, derart verweichlicht zu werden.

- Wer sein **Gemüse** nicht ständig nachdüngen möchte, mulcht dick mit nahrhaftem Blattwerk wie Brennnessel, Löwenzahn, Ringelblume, Spinat, Melde oder Ehrenpreis. Tomaten und Kartoffeln bevorzugen Beinwell, Adler- oder Wurmfarn, da diese viel Kalium enthalten.
- Wo Licht ist, ist auch Schatten, und im Falle des Mulchs sind dies Schnecken und **Mäuse.** Gut geschützt unter der grünen Decke, können die Nager vor allem im Winter große Schäden an jungen Obstbäumen anrichten. Deshalb regelmäßig kontrollieren.
- In Gegenden, in denen es auch im Sommer ausreichend regnet, ist es sinnvoll, unter Obstgehölzen **Klee** oder eine **Gründünger-Mischung** einzusäen und diese etwa dreimal im Lauf des Jahres abzusensen oder zu sicheln. Das regelmäßige Abschneiden ist wichtig, damit der Unterwuchs die Bäume weder unter- noch oberirdisch zu sehr bedrängt und ihnen dadurch Luft, Licht, Wasser und Nährstoffe raubt.
- Bewährt haben sich auch **Klee- oder Spinatstreifen** zwischen den Gemüsereihen, die als eine Art **Dauer-Mulch** wirken. Klee und Spinat werden abgeschnitten und dienen als Mulch, sobald sie etwa handhoch sind, um Konkurrenz mit dem Gemüse zu verhindern. Sie lockern den Boden, beschatten ihn und versorgen das Gemüse mit Nährstoffen.

In den Boden gestecktes Reisig gibt wacklig auf den Füßen stehenden Pflanzen Halt.

Dies und Das

Gut verschnürt

Zum Anbinden von Reben und anderen Gehölzen verwendete man schon vor mehr als 2000 Jahren die weichen, biegsamen Triebe verschiedener **Weiden,** in unseren Breiten vor allem die der Salweide *(Salix alba)*. Ebenfalls seit langem beliebt ist die Mandelweide *(Salix triandra)*, deren Zweige man nicht nur zum Binden, sondern auch zum Körbeflechten nutzte.
Stroh diente ebenfalls zum Anheften von Reben. Sowohl Stroh als auch Weidenruten weichte man vorher bis zu drei Tage lang in Wasser ein, damit sie geschmeidiger und reißfester wurden. Das brüchige Gerstenstroh eignete sich nicht für diese Zwecke.

Haltung bewahren

Die meisten krautigen Pflanzen, die mehr als 80 cm hoch wachsen, verlieren früher oder später das Gleichgewicht und neigen sich vornüber oder zur Seite. Das gilt für Rittersporn und Dahlien ebenso wie für Schleier-

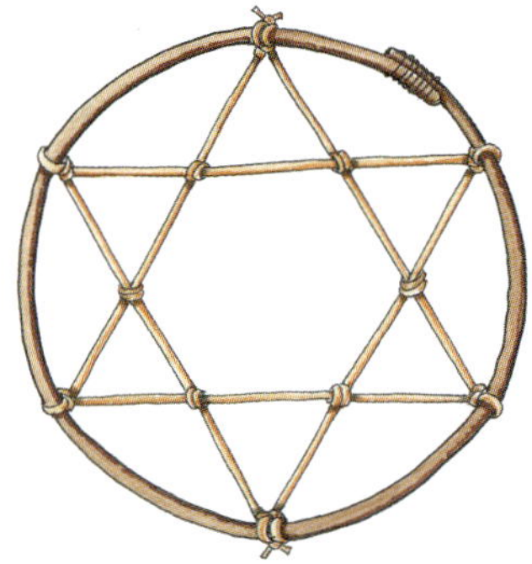

Diesen Staudenhalter kann man leicht selbst herstellen. Als Gerüst dienen Weidenruten oder Holzreifen, die man mit einem dünnen Seil oder einer Schnur bespannt.

Mond-Gärtnern

• Unter dem Einfluss des zunehmenden Mondes nehmen Boden und Pflanzen **Dünger** schneller auf und verwerten ihn. Abnehmender Mond verzögert die Aufnahme.

• Hacken und Jäten von **Wurzel-, Knollen- und Zwiebelgemüsen** erfolgt bei abnehmendem Mond, da die Pflanzen nach altem Volksglauben in dieser Phase Energie einatmen und diese in ihren unterirdischen Vorratskammern speichern.

• **Blatt-, Blüten- und Fruchtgemüse** pflegt man bei zunehmendem Mond. Die in dieser Phase ausgeatmete Energie kommt den oberirdischen Pflanzenteilen zugute. Dies gilt für Salate, Kopfkohl, Blumenkohl, Hülsenfrüchte, Gurken, Tomaten, Beeren- und Baumobst sowie Schnittblumen.

• **Mistjauche** brachte man bei Vollmond auf den Wiesen aus, um zu verhindern, dass die Grasnarbe verbrannte.

• Das **Veredeln von Obstbäumen** erfolgt bei zunehmendem Mond, damit die beiden Partner schnell miteinander verwachsen und die Wunden überwallen.

• Wer das **Wachstum seiner Hecke verzögern** möchte, schneidet sie bei Vollmond oder kurz danach bei abnehmendem Mond (und verzichtet auf jeglichen Dünger).

Die Mondregeln für alle anfallenden Arbeiten waren früher jedem Gärtner geläufig.

kraut und Astern. Sie am Bauch zusammenzuschnüren ist die einfachste, aber nicht die beste Lösung. Im schlecht durchlüfteten Innern nisten sich nämlich gern Pilze, Schnecken und anderes Unheil ein. Außerdem beutelt der Wind die Bündel derart, dass häufig schon bald die gesamte Pflanze windschief im Beet hängt. Gleiches passiert, wenn man versucht, ihnen mit Hilfe eines Steckens und einer Schnur unter die Blätter zu greifen.

Sinnvoller ist es, auf zwei, besser auf vier oder mehr gegenüberliegenden Seiten jeweils einen **Pfahl** einzuschlagen und ein Seil darum zu spannen, das man zweimal um jeden Holzpflock schlingt. Die zierlichen **Bambusstäbe** eignen sich für diese Zwecke besonders gut. Da sie hohl sind, nisten sich dort jedoch allerhand Krabbeltiere ein, sehr zum Leidwesen von Pflanzen und Gärtner. In der Nähe von Dahlien ziehen sich in die hohlen Stäbe gerne Ohrwürmer zurück, die vor allem im trockenen Hochsommer über die saftigen Blütenblätter herfallen, um ihren Durst zu stillen. Gärtner in früheren Zeiten beugten dem vor, indem sie die Bambus-Öffnung mit einem Wachspfropfen verstopften.

Auch aus **Weidenruten** bastelte man Staudenhalter. Die eingeweichten Ruten schlangen handwerklich Geschickte bereits im Laufe des Sommers zu Ringen, deren Enden sie ineinander steckten und verknoteten. (Wem das nicht gelang, der verschnürte die Enden ausbruchsicher mit Draht). An dunklen Winterabenden saß man dann auf der Ofenbank und knüpfte Sterne in die Ringe. Dazu wurde ein Seil oder eine Schnur in Form eines Dreiecks in den Rahmen gebunden. Dann drehte man den Ring so, dass eine Dreiecksspitze zum Körper hin zeigte, und knüpfte auf der gegenüberliegenden Seite die erste Spitze des zweiten Dreieckes.

Als Nächstes zog man die Seilenden zum Dreieck auseinander und verknotete die Schnüre an den sechs Stellen, wo sie sich mit dem ersten Dreieck kreuzten, bevor man sie auf der Gegenseite am Rahmen befestigte. War das zweite Dreieck geschlossen, bildeten die beiden einen gleichmäßig gezackten Stern (siehe Zeichnung linke Seite). Früher gab es Kinderreifen aus Holz in verschiedenen Größen, die man ebenfalls sternförmig bespannen und im Garten zweckentfremden konnte. Diese Methode funktioniert heute noch genauso: Sobald die Pflanzen etwa handhoch sind, holt man die bespannten Ringe aus dem Schuppen und schiebt sie vorsichtig über das Grün. Beim Wachsen hebt die Pflanze den im Blättergewirr verschwundenen Reifen mit in die Höhe.

In windigen Gegenden stützt man die Ringe bei ausgewachsenen Gewächsen von unten mit zwei, drei gegabelten **Haselnussstöcken** ab. In den Boden gestecktes Reisig gibt Pflanzen ebenfalls unauffällig Halt, da es sich harmonisch in die Umgebung einfügt und im Laufe des Sommers völlig von den Gewächsen überwuchert wird.

Unauffällige Stützen im Blättergewirr helfen den hoch aufragenden Lupinen Haltung zu bewahren.

auf einen blick

- Kompost ist die Sparkasse des Gärtners. Er düngt, versorgt den Boden mit wertvollem Humus und lockert ihn.
- Pflanzen liefern leicht herzustellende und nahrhafte Dünger.
- Wildkräuter klären den Gärtner über den Zustand seines Bodens auf.
- Wer mit Köpfchen jätet, wird Giersch, Quecke und andere grüne Wegelagerer für immer los.
- Einmal Hacken ersetzt zweimal Gießen.
- Mulchen hält den Boden feucht und erspart dem Gärtner viel Arbeit.

Vorbeugen und Schützen

Vertreiben, verwirren, kurieren – auf die Kraft der Kräuter vertrauten Gärtner, wenn Schnecken oder Pilze Tribut im Garten forderten. Mit dem passenden grünen Partner an ihrer Seite oder besprüht mit seinem Duft, bleiben Obst, Gemüse und Blumen unbehelligt und wachsen prächtig.

Klassische Kombination: Zwiebeln und Möhren findet man häufig auf einem Beet. Sie passen gut zusammen.

Auf den Partner kommt es an

»Der Garten erzieht seinen Gärtner zu Geduld und Gelassenheit«, sagen die Chinesen. Nun lassen sich manche Menschen etwas schneller erziehen als andere. Vor allem Anfänger sehen rot, wenn sie irgendein Tier an ihrem Gemüse oder ihren Blumen entdecken. Nicht alle Tiere sind Schädlinge, doch alle Schädlinge und Krankheiten sind ein Teil der Natur, »vom gütigen Vater geschickt, damit Pflanze und Gärtner nicht übermütig werden«, glaubte man früher. Um Schnecken oder Wühlmäuse mit Stumpf und Stiel auszurotten, wie dies in der Vergangenheit verschiedentlich versucht wurde, braucht es mehr als einige wild entschlossene Gärtner.

◀ Kapuzinerkresse wuchert gerne zu Füßen von Obstbäumen aller Art und schützt die Baumscheibe vor dem Austrocknen.

Von erfahrenen alten Leuten hört man noch heute manchmal den Spruch: »Ein Gärtner muss teilen lernen.« Das bedeutet nun nicht, sich im Gartenstuhl zurückzulehnen und abzuwarten, ob etwas übrig bleibt, sondern mit angemessenen Mitteln den eigenen Anteil zu verteidigen.

Magischer Bund oder fauler Zauber?

Sosehr man beim Pflanzen, Pflegen, Ernten auf kosmische Einflüsse achtete – fielen Erdflöhe über den Kohl her oder Tauben über die Aussaaten,
war Eile geboten und der Mond vergessen. Vorbeugen war angesagt, damals wie heute, und dabei beherzigte man dieselben Mondregeln wie für andere Pflegearbeiten.

Aufmerksame Gärtner beobachteten, dass benachbarte Pflanzen sich beeinflussen, das Wachstum des Partners hemmen oder fördern, und sie setzten diese Erkenntnisse beim Bepflanzen der Beete um. Inzwischen bestätigte die moderne Wissenschaft den Austausch von Nachrichten zwischen Pflanzen. Über Wurzelausscheidungen und Duftstoffe stehen sie in Kontakt miteinander; wird eine angebissen, erfahren es die Nachbarinnen sofort per Luftpost und verstärken ihre Abwehr.

Kluge Gärtner warten nicht, bis der Schaden eintritt, sondern schlagen vorher Alarm, indem sie das Gemüse zum Beispiel mit Kräuter-Tee einsprühen. Die geduschten Pflanzen reagieren auf den vermeintlichen Angriff mit der Mobilisierung ihrer

Der Anbau von Gemüse, Salat und Erdbeeren in Mischkultur hat viele Vorteile.

Mischkulturen

__Gute Partner:__

Bohnen: Kopfsalat, Rote Bete, Kohlrabi, Sellerie
Erbsen: Möhren, Kopfsalat, Kopfkohl
Kohl: Lauch, Sellerie, Erbsen,
Kopfsalat: Kohlrabi, Lauch, Rettich, Radieschen, Knoblauch, Spinat, Erdbeeren
Lauch: Möhren, Sellerie, Salat, Erdbeeren
Möhren: Zwiebeln, Lauch, Mangold, Erbsen
Rote Bete: Bohnen, Gurken, Kohlrabi
Sellerie: Blumenkohl, Buschbohnen, Lauch
Zwiebeln: Möhren, Kopfsalat, Endivie, Erdbeeren

__Schlechte Partner:__

Bohnen: Erbsen, Zwiebeln
Gurken: Tomaten
Kartoffel: Sellerie, Sonnenblumen, Tomaten
Kohl: Zwiebeln, Erdbeeren
Kopfsalat: Petersilie
Spinat: Rote Bete

Schutztruppen. Versucht wenig später tatsächlich ein Pilz in die Blätter einzudringen, ist die Pflanze aufgrund des Probealarms vorbereitet und macht die Schotten dicht. Sich zu verteidigen kostet jedoch viel Energie, und deshalb erlahmt mit der Zeit die Aufmerksamkeit der Pflanze, bis eine erneute Dusche sie wieder in Alarm versetzt.

Mischkultur und Impfen mit Kräuter-Tee garantieren keinen 100-prozentigen Schutz, doch chemische Spritzmittel vermögen dies ebenso wenig. An manchen Standorten, in manchen Jahren, mit mancher Art oder Sorte klappt es mal besser, mal schlechter, es kommt auf die Tagesform von Pflanze, Schaderreger und Gärtner an. Um den bestmöglichen Nutzen aus Mischkulturen und Kräuter-Kuren zu ziehen, sollte man die Pflanzen nicht mit Stickstoff überschwemmen, Geduld üben, beobachten und eigene Erfahrungen sammeln.

Gemüse und Obst in guter Gesellschaft

- Sellerie, insbesondere der kräftig würzige Schnittsellerie, schützt **Kohlgewächse** vor Kohlweißlingen und Kohlfliegen und hält Erdflöhe fern.
- Kapuzinerkresse, Koriander und Ringelblumen fördern die Entwicklung und Gesundheit von **Kartoffeln,** wenn sie reihenweise zwischen ihnen wachsen. Die Einsaaten beugen Befall mit Kraut- und Knollenfäule *(Phytophthora infestans)* vor; der grüne Pflanzenteppich verhindert, dass das Regenwasser Pilzsporen von der Erde auf die Kartoffelblätter schleudert.

• Überzählige Tomatenjungpflanzen, in die Nähe von **Kirschbäumen** gepflanzt, vertreiben Schwarze Läuse. Vor allem Sauerkirschen wie die kleinwüchsige 'Schattenmorelle' profitieren von den Tomaten, bei hochstämmigen Süßkirschen ist die Wirkung gering. Wer keine übrigen Pflanzen hat, aber ein drängendes Blattlausproblem, hängt die ausgebrochenen Geiztriebe in die Kirschbäume oder in andere Gehölze, deren Triebspitzen dicht mit Blattläusen besetzt sind. Mit Trieben von Wermut oder Weinraute erzielt man ähnliche Erfolge.

• Obstgärtner erlaubten früher Brennnesseln, in der Nähe von **Beerenobst** zu wachsen. Sie schnitten die nahrhaften Nesseln regelmäßig ab und verwendeten sie als Mulch im Gemüsebeet, zum Verjauchen oder ließen sie vor Ort liegen. Ein altes Brennnessel-Nest galt als bester Standort, um Schwarze oder

In die Zweige gehängte Tomaten- oder Wermuttriebe schützen Sauerkirschen vor Schwarzen Blattläusen.

Bauernregeln

Auf den Juni kommt es an, ob die Ernte bestehen kann.

Neumond und Vollmond im Juni bringen Standwetter.

Wenn kalt und nass der Juni war, verdirbt er meist das ganze Jahr.

Juliregen nimmt den Erntesegen.

Wenn die Bohnen üppig geraten, geraten auch die anderen Saaten.

Was Juli und August nicht kochen, kann der September nicht braten.

Rote Johannisbeeren zu pflanzen. Brennnesseln hinterlassen lockere Erde, die reich an Humus und Nährstoffen ist. Wer keine Zeit oder Lust hat, die Nesseln regelmäßig kurz zu halten, muss vor der Pflanzung sämtliche Wurzeln sorgfältig entfernen, da das Wildkraut andernfalls die Beerensträucher bedrängt und überwuchert.

• Winterroggen ist nicht nur ein guter Gründünger für Gemüsebeete, den man noch im Oktober einsäen kann. Auch in Mischkultur mit **Spargel** hat er sich

Mit der Einsaat von Roggen lassen sich Spargelfliegen von Spargelbeeten fern halten.

bewährt, da er die Spargelfliege an der Eiablage hindert. Wenn die Fliegen im April aus ihren Puppenhüllen schlüpfen, ist das Getreide nämlich bereits so hoch, dass die kurzsichtigen Tiere ihre Wirtspflanzen nicht mehr finden.

Passende Partner für Kräuter und Blumen

• Gurken schätzen die Nähe von **Basilikum;** sie bleiben dann bis in den Spätsommer von Mehltau verschont und tragen reichlich. Auch Dill wirkt sich positiv auf die Gesundheit von Gurkenpflanzen aus. Neben Lilien gepflanztes Basilikum vertreibt Lilienhähnchen.

• **Bohnenkraut** hält Schwarze Läuse von Bohnen fern, bei Salat fördert es gesundes Wachstum.

• In der Nähe von Bohnen samt sich **Kamille** oft von selbst aus; auch Erbsen, Salat, Mangold, Rote Rüben, Spinat, Sellerie, Zwiebeln und Lauch kommen gut mit diesem Partner zurecht. Er stärkt die Abwehrkräfte der Gemüse gegen Pilz-Attacken. Von Porree hält Kamille die Lauchmotte fern.

• **Kerbel** schützt Salat vor Blattläusen und Mehltau. Man pflanzt den Salat zwischen die Kerbelreihen oder fasst die Beete mit dem würzig duftenden Kraut ein. Auch Schnecken und Ameisen meiden diese Barriere.

• Oft scherzhaft, aber zu Recht Dr. **Knoblauch** genannt, sollte dieses Zwiebelgewächs in keinem Garten fehlen. Es stärkt die Abwehrkräfte gegen Schimmel, Fäulnis und andere pilzliche Krankheiten. Der wenig Platz beanspruchende Knoblauch steht gerne zwischen Salat, Möhren, Rosen, Lilien oder zu Füßen von Obstbäumen. Dicht um den Stamm gesteckt, beugt er bei Pfirsichen Kräuselkrankheit vor, Erdbeeren schützt er vor Milben. Wühlmäuse durchbrechen einen dicken Ring aus Knoblauchzehen um einen Apfelbaum nur ungern.

• Statt Knoblauch zogen manche Gärtner einen dichten Ring aus Narzissen um junge Apfelbäume, um sie vor Wühlmausfraß zu schützen. Der Geruch der Zwiebeln vergrämt die Tiere.

• Ausdauernde **Lupinen** fördern das Wachstum von Lärchen, Kiefern und Fichten. Darüber hinaus reichert die Staude den Boden außerdem mit Stickstoff an, und diese düngende Wirkung kommt vor allem Obstgehölzen zugute.

• Zwiebeln mögen **Majoran.** Er schützt sie vor Mehltau und verstärkt ihre Lagerfähigkeit. Außerdem hält das Würzkraut Ameisen von den Beeten fern.

• Ähnlich wie Majoran wirkt der eng verwandte **Oregano.** Er

In der Nähe von Kamille fühlen sich viele Gemüsepflanzen wohl: Bohnen, Mangold, Sellerie, Lauch …

leistet neben Zwiebeln und Steingartenpflanzen auch gerne Obstbäumen oder Beerenobst Gesellschaft, sofern er in voller Sonne steht.

- Die Baumscheibe von Kirschbäumen unterpflanzte man früher mit **Maiglöckchen.** Sie fördern gesundes Wachstum, beugen Monilia-Spitzendürre und Befall mit Kirschfruchtfliege vor. In einigen Gegenden Mitteleuropas verwendete man auch Bärlauch oder Waldmeister.
- Ein Teppich aus **Pfefferminze** zu Füßen von Obstbäumen gepflanzt, beschattet den Boden, erleichtert dem Baum die Nährstoffaufnahme und verbessert das Aroma der Früchte. Vor allem die alte stark aromatische Sorte 'Mitcham' mit ihren dunkelgrünen, violett überhauchten Trieben ist für diese Zwecke zu empfehlen. Reihenweise zwischen Kartoffeln gepflanzt, unterdrückt die Pfefferminze den Befall mit Krautfäule und fördert das gesunde Wachstum des Partners.
- **Ringelblumen** schließen mit allen Gewächsen Freundschaft und fördern Boden- und Pflanzengesundheit. Es hat sich bewährt, die Samen im Frühjahr über die Gemüsebeete zu streuen und später die Pflanzen dort zu jäten, wo sie stören. Tomaten, Kohl und Bohnen vertragen sich besonders gut mit Ringelblumen, auch auf den Baumscheiben unter Obstbäumen leisten sie nützliche Dienste. Zudem vermindern die Blumen Blattlausbefall, da sie zahlreiche Nützlinge wie Schwebfliegen anlocken.

Ringelblumen dürfen in keinem Garten fehlen. Die leuchtend orange blühenden Blumen wirken sich günstig auf die Boden- und Pflanzengesundheit aus.

- Kohlweißlinge und Schnecken mögen den Geruch von **Salbei** nicht. Das Heilkraut wurde deshalb als Beeteinfassung für (größere) Kohlbeete verwendet. Pflanzt man zu seinen Füßen Thymian, verstärkt dies die Wirkung.
- Gemüse und Blumen gedeihen gut in der Nähe von **Schafgarbe,** die schädlingsabwehrend und gesundheitsfördernd wirkt. Man kann damit Gemüsebeete einfassen, doch besser ist es, die Pflanzen »über die Beete tanzen« zu lassen, wie man früher sagte, also einzelne Schafgarben auf den Beeten zu verteilen.
- Die Bodengesundheit positiv beeinflusst die **Studentenblume** *(Tagetes)*. Neue Forschungen belegen, dass sie die Entwicklung von Älchen (Nematoden) hemmt, die an den Wurzeln sau-

Gesundes Wachstum und reicher Fruchtbehang zeigen, dass diese Tomate von Pflanzen umgeben ist, deren Nachbarschaft sie schätzt.

gen. Da Schnecken sie liebend gerne fressen, pflanzt man sie zur Ablenkung zwischen Salat und Kohlsetzlinge. Mit Tagetes als unmittelbaren Nachbarn bleiben Salat und Gemüse außerdem von Blattläusen verschont. Reihenweise zwischen Kartoffeln gepflanzt, vergraulen die »Stinkerle«, wie sie in Mitteldeutschland heißen, Kartoffelkäfer.

• Der starke Duft von **Thymian** vertreibt Blattläuse, Möhrenfliege, selbst Schnecken und andere ungebetene Gartengäste. Zwischen Thymianreihen gepflanzter Kohl bleibt von den Raupen des Großen und Kleinen Kohlweißlings und Erdflöhen verschont. Schnecken meiden mit grob zerkleinerten, getrockneten Thymiantrieben umkränzten Salat.

• Als es in Europa noch nicht unsere heutigen großfrüchtigen Garten-Erdbeeren gab (deren Eltern stammen aus Amerika), zog man in den Gärten die heimische Walderdbeere. Die Beete umrahmte man mit duftenden **Veilchen** oder pflanzte beide Kulturen abwechselnd in Reihen, um das Wachstum der Erdbeeren und das Aroma der Früchte zu fördern.

• **Weinraute** in die Nähe ihrer Nester gesetzt oder als Mulch ausgelegt, vertreibt Ameisen. In befallene Pflanzen gehängte Weinrautentriebe vergrämen Ameisen und die von ihnen betreuten Blattläuse.

• **Wermut** schützt Johannisbeeren vor Säulchenrost. Bindet man die Triebe um die Stämme von Kirschbäumen, so verleidet dies den Ameisen den Aufstieg zu ihren Blattlauskolonien.

• Unter Apfel-, Birn- und anderen Obstbäumen breitet sich gerne **Zitronenmelisse** aus. Sie verbessert das Aroma der Früchte. Bei Pfirsichen beugt sie Kräuselkrankheit vor. Obendrein locken die Blüten Bienen, Hummeln und andere Insekten in den Garten.

Ein Teppich aus Zitronenmelisse unter Apfel- oder Pfirsichbäumen stärkt deren Abwehrkräfte.

Wehret den Anfängen

Die besten Karten hat, wer mit offenen Augen durch den Garten geht und Alarmsignale beachtet oder – besser noch – möglichen Übeln rechtzeitig vorbeugt.

Schon in der Antike wusste jeder Gemüsegärtner, dass Gelbe Rüben keinen Mistdünger vertragen, da dessen Duft Möhrenfliegen in Scharen anlockt.

Wunden desinfizieren

Beim Teilen von Stauden mit kräftigem Wurzelstock oder Zwiebelblumen entstehen oft große Wunden. Über diese dringen im Boden lebende Pilze ein und führen zu Fäulnis. Solche frischen Verletzungen wurden früher mit zerriebener Holzkohle bestreut und dadurch desinfiziert. Bevor man die Teilstücke wieder einpflanzte, verwahrte man sie einen oder zwei Tage lang an einem vor Regen geschützten Ort, damit sie Zeit hatten, die Wunden zu versiegeln.

Petersilie auf die Sprünge helfen

Petersilie kränkelt häufig und kümmert; sie leidet unter Bodenmüdigkeit, hieß es früher. Schuld daran sind unter anderem Älchen (Nematoden) im Boden, die an den Wurzeln saugen. Damit sich diese mit bloßem Auge nicht sichtbaren Winzlinge nicht zu stark vermehren, sollte man Petersilie nie länger als zwei Jahre am selben Standort belassen. Gießt man die Sämlinge zudem regelmäßig mit Knoblauch-Tee, sind sie von Anfang an gegenüber Schädlingen und Krankheiten im Vorteil und wachsen gesund und kräftig. Das Küchenkraut fühlt sich übrigens auch zwischen Rosen wohl, denen es Blattläuse vom Leib hält.

Verduftet!

Schon vor 2000 Jahren wussten Gärtner, dass frischer Mist Möhren-, Kohl- und andere Gemüsefliegen von weither anlockt. Auch auf kompostierten Mist sollte man bei diesen Kulturen sicherheitshalber verzichten.

Da **Gemüsefliegen** ihrer Nase folgen, lassen sie sich leicht verwirren. Getrocknetes, zerbröseltes Farnkraut in die Saatrillen gestreut, hält Möhrenfliegen auf Abstand. Madenfreie Karotten erntet auch, wer zerkleinerten Schnittlauch entlang den keimenden Möhren streut. Von dem Lauchgeruch lassen sich auch Kohlfliegen von Kohlgewächsen ablenken. Wichtig ist, die Duftbarriere öfter zu erneuern.
Eine bodendeckende Schicht aus Rainfarn, Salbei oder Pfefferminze zwischen Möhren, Kohlgewächsen, Rettichen und Zwiebeln vertreibt Gemüsefliegen (an Möhren, Kohl, Zwiebeln) sowie Schmetterlinge wie Kohlweißlinge.

Hühner erledigen manches Pflanzenschutz-Problem auf ihre Weise. Sie scharren Larven, Schneckeneier und andere Leckerbissen aus dem Boden und verzehren sie.

Niemals ungestört

Mancherlei Insekten bzw. ihre Eier, Larven und Puppen leben ganz oder zeitweise im Boden. Viele ziehen sich zum Überwintern in warme Erdschichten zurück. Früher rückte man dem Ungeziefer durch tiefes Umgraben zu Leibe und bestreute die Schollen mit Ätzkalk. Tief bedeutete dabei meist zwei Spaten tief. Dadurch wurden auch nützliche Bodenorganismen beeinträchtigt. Besser ist es unliebsame Tiere wie Erdraupen, Engerlinge, Drahtwürmer oder die Larven des Dickmaulrüsslers durch häufiges Hacken des trockenen Bodens zu stören. Schäden durch diese Bodenbewohner sowie durch Kirschfruchtfliege, Haselnussbohrer oder Himbeerkäfer beugten Gärtner vor, indem sie **Hühner im Obstgarten** hielten, die durch ihr ständiges Scharren in der Erde den Schädlingen keine ruhige Minute ließen. Auch Schneckeneier fanden dabei ihre Abnehmer. Das Federvieh räumte dabei so nachhaltig im Boden auf, dass kaum ein Gärtner auf diese Hilfe verzichten mochte.

Gegen Kohlfliegen und Kohlgallenrüssler hat sich tiefes Pflanzen und Anhäufeln von Kohlgewächsen bewährt. Aus dem Erdboden ragende Stängel von Kohlrabis, die nicht zu tief gepflanzt werden dürfen, bestrich man mit Lehmbrei, den man mit Pfefferminz-Tee anrührte. Der Lehm trocknete und bildete eine undurchdringliche Kruste.

Ein Schluck auf die Gesundheit

Schon in der Antike vertrieben Gärtner mit Hilfe von Salbei-Auszügen Kohlweißlinge von ihren Kohlbeeten. Andere Kräuter halten Schnecken fern oder vergrämen Wühlmäuse. Lange belächelt und von »Experten« als Humbug abgetan, bestätigt die Wissenschaft die Wirksamkeit dieser Kräuter-Extrakte mittlerweile. Inzwischen greift selbst die Pflanzenschutzindustrie auf die grüne Medizin zurück; so gibt es im Handel Mittel, die

In Indien und anderen asiatischen Ländern wird das aus den Samen des Neem-Baumes gewonnene Öl seit Urzeiten als Pflanzenschutzmittel verwendet.

Lange pauschal als Humbug abgetan, ist die positive Wirkung von Kräuter-Tees und anderen Pflanzenstärkungsmitteln inzwischen wissenschaftlich bewiesen.

Knoblauch oder **Neem** (Niem) enthalten. Der Neem-Baum ist in Asien zu Hause, seine Samen liefern wertvolles Öl. Dieses und andere Neem-Produkte werden vor allem in Indien seit alters als Pflanzenschutzmittel eingesetzt. Wird zum Beispiel der Öl-Presskuchen in den Boden eingearbeitet, vermindert dies die Eiablage von Schnecken um bis zu 90 %.

Kräuter-Extrakte und -Tees

In Europa verwendet man traditionell Extrakte aus vielerlei Pflanzen wie Knoblauch, Rainfarn oder Schachtelhalm (Zinnkraut), die einzeln oder häufig in Mischungen ausgebracht werden. Die Schwestern der Abtei Fulda haben zahlreiche Rezepte gesammelt, ausprobiert und eine Auswahl in ihren Broschüren veröffentlicht. Ihnen ist es unter anderem zu verdanken, dass das alte Wissen nicht verloren ging.

So stellen sie aus **Birkenblättern** im Frühsommer eine Jauche her (1 kg / 1 l Wasser) und sprühen damit 1:5 verdünnt Apfel- und Birnbäume, um sie vor Schorf zu schützen. Im Herbst sammeln sie abgefallenes **Eichenlaub** und weichen es in Wasser ein (1 kg / 10 l). Mit der unverdünnten Brühe vertreiben sie Ameisen; 1:5 bis 1:10 verdünnt spritzen sie es gegen Insekten, die an Pflanzen fressen oder saugen. Getrocknetes **Basilikum** (2 TL auf 1/4 l Wasser) überbrühen die Klosterschwestern zu einem Tee und verwenden ihn unverdünnt gegen Spinnmilben und Blattläuse an Kübelpflanzen, wobei sie Pflanzen und Erde besprühen. Ein Mix aus Schachtelhalm- und Basilikum-Tee beugt Mehltau an Gurken vor, ein Aufguss aus **Backpulver** Amerikanischen Stachelbeermehltau. Tee aus **Lebensbaum**-Trieben *(Thuja)* vergällt den Larven des Kartoffelkäfers den Appetit derart, dass sie das Fressen einstellen und größtenteils eingehen. Ähnlich, wenn auch schwächer wirken Rainfarn- und Essigbaum-Extrakte. Tee aus abgeschabter Weidenrinde oder klein geschnittenen jungen Trieben kräftigt und stärkt Pflanzen. Mit in Wasser aufgelöstem **Aspirin** erzielt man denselben Effekt. Dessen Wirkstoff Salicylsäure wurde früher aus Weiden gewonnen, inzwischen stammt er aus dem Labor. Forscher fanden heraus, dass Salicylsäure eine wichtige Rolle im »Immunsystem« der Pflanzen spielt; sie gibt das Signal, Alarmstufe Rot auszurufen und sich gegen Angriffe aller Art von Tieren oder Pilzen zu wappnen.

Die in Thuja-Zweigen steckenden giftigen Stoffe vergällen Kartoffelkäfern und ihren Larven den Appetit.

Ähnlich wirken auch die anderen Kräuter-Extrakte. Ätherische Öle und sonstige Stoffe in den Pflanzen-Säften kurbeln die Abwehr an, veranlassen die Gewächse, dickere Zellwände zu bilden, oder hindern Pilzsporen am Keimen. Andere verwirren mit ihrem Geruch Schädlingen so sehr die Sinne, dass sie ihre Futterpflanzen nicht mehr finden. Wieder andere enthalten Fraßgifte.

In der Regel werden die Pflanzen zerkleinert, mit Wasser überbrüht und nach einer bestimmten Zeit abgeseiht und ausgebracht.

Was Mengen und Zubereitung betrifft, kursieren verschiedene Rezepturen. Die in den nachfolgenden Rezepten angegebenen Mengen dienen deshalb in erster Linie als Orientierungshilfe. Mit der Zeit entwickelt jeder Gärtner ein Gespür, was in welchen Mengen seinem Garten und den Pflanzen gut tut, ob er Tee oder Jauchen bevorzugt.

Die ausgelaugten Pflanzenreste wirft man auf den Kompost, sie eignen sich aber auch hervorragend als Mulch.

Die Wirkstoffkonzentration hängt von den verwendeten Pflanzen, Standort, Witterung, Erntetermin und dergleichen ab. Als vorsichtiger Gärtner sprüht man zunächst die stärkere Verdünnung und erhöht bei Bedarf die Dosis beim folgenden Spritztermin. Bei unverdünnten Auszügen empfiehlt es sich, erst eine Probespritzung zu machen, um die Verträglichkeit zu testen.

Da die Spritzbrühen von den Pflanzen leicht abperlen, gibt man etwas Neutralseife oder einen Spritzer Handspülmittel dazu. Dies setzt die Oberflächenspannung des Wassers herab und sorgt für bessere Haftung auf den Blättern. Verwahren Sie alle Spritzbrühen sicher vor Kindern und Haustieren.

Kräuter-Auszüge wirken vorbeugend. Man sprüht sie mindestens dreimal im Abstand von einer Woche. Nachhaltiger wirken sie jedoch, wenn man sie regelmäßig ab dem Frühjahr anwendet. Um Schäden an den Pflanzen zu vermeiden, spritzt man nur bei bedecktem Himmel oder sehr früh am Morgen. Die Brühe sollte alle oberirdischen Pflanzenteile rundum benetzen.

> Wer nur einen kleinen Garten hat und sich kein Sprühgerät anschaffen möchte, verwendet einen Handbesen mit Naturborsten oder einen alten Malerpinsel. Man taucht Besen oder Pinsel in die Flüssigkeit und schleudert die Brühe mit einer kräftigen Armbewegung auf die Pflanzen.

Aus des Gärtners Kessel

Nachfolgend einige klassische, von vielen Gärtner-Generationen erprobte und bewährte Rezepte.

Ackerschachtelhalm: das im Sommer gesammelte Kraut 1 Tag lang in Regenwasser einweichen (1,5 kg / 10 Liter), anschließend 1 Stunde lang kochen. 1:5 bis 1:10 verdünnen. Wirkt stärkend und vorbeugend gegen Pilzkrankheiten wie Rost, Schorf, Mehltau, Braunfäule und Sternrußtau. Alle Sämlinge regelmäßig damit besprühen und gießen schützt vor Umfall-Krankheit (Bodenpilzen).

Holunder: Blätter (1,5 kg / 10 l) verjauchen; unverdünnt in Wühlmaus-Gänge oder durchdringend rund um gefährdete Apfelbäumchen gießen, um die Tiere zu vertreiben.

Kapuzinerkresse: Blätter grob zerkleinern und mit Wasser überbrühen, bis sie etwa 5 cm bedeckt sind; 3 Stunden ziehen lassen, öfter umrühren. Unverdünnt Blutläuse damit abbürsten; 1:10 bis 1:20 verdünnt gegen Blatt- und Schildläuse.

Knoblauch: 100 g zerkleinerte Zehen mit 1 l Wasser überbrühen. 1:7 verdünnt gegen Milben an Erdbeeren, Brombeeren, Reben.

Schachtelhalm kräftigt das Pflanzengewebe und erschwert dadurch Pilzen das Eindringen.

Ende April und nach der Ernte 4 x im Abstand von 3 Tagen Boden und Pflanzen besprühen. Gegen Kräuselkrankheit Pfirsichbäume ab Februar bis zum Austrieb alle 2 Wochen mit unverdünntem Tee behandeln.

Meerrettich: 300 g Blätter und Wurzeln zerkleinern, 3 Stunden in Wasser einweichen, anschließend kochen (30 min); den Tee in 10 l Regenwasser einrühren und einen Tag ziehen lassen. Unverdünnt Obstbäume abends (nachdem die Bienen in ihrem Stock sind) vor, während und nach der Blüte damit spritzen; beugt Fruchtfäule *(Monilia)* bei Äpfeln und Monilia-Spitzendürre bei Kirschen und anderem Steinobst vor.

Rainfarn: im August gesammelte, getrocknete Blüten kochen (30 g / 1 l). Unverdünnt Apfelbäume vor dem Austrieb gegen Mehltau spritzen; später wöchentlich 1:3 verdünnt. Im Winter und Frühjahr unverdünnt gegen Gallmilben an Schwarzen Johannisbeeren.

Rhabarber: zerkleinerte Blätter (1 kg / 5 l) 1/2 Stunde lang kochen. Ab der Pflanzung wöchentlich unverdünnt gegen Lauchmotte sprühen, gegen Schwarze Läuse an Bohnen, Holunder und Kirschen an 3 Tagen hintereinander. Der Tee ist generell

Unverdünnt ausgebrachter Rainfarntee schützt Apfelbäume vor Mehltau.

hochwirksam gegen Schädlinge wie Ameisen, Blattläuse, Milben, Erdflöhe und Wurzelläuse und schützt zudem vor Wildverbiss. Rhabarberblätter enthalten auch für Menschen giftige Stoffe (u.a. Anthrachinone).

Salbei: Blätter und Triebspitzen (500 g) überbrühen, in 5 l Regenwasser einrühren und 2 Tage ziehen lassen. Unverdünnt 1–2-mal wöchentlich Kohlgewächse damit sprühen, hält Kohlweißlinge und Kohlfliegen fern. 1:1 verdünnt, beugt er Krautfäule an Tomaten und Kartoffeln vor, ebenso Bohnenrost, Grauschimmel und Falschem Mehltau an Reben. Als Tee eignen sich nur die kräftig würzigen grün-

Tee aus Schafgarbe wird seit alters verwendet, um Pflanzen vor Pilzkrankheiten zu schützen.

blättrigen Sorten; moderne violette oder gelb-weiß panaschierte sind unwirksam.

Schafgarbe: Blüten (500 g) in Wasser aufkochen, in 10 l Regenwasser einrühren, 3 Tage ziehen lassen und abseihen. 1:10 verdünnt vorbeugend gegen Pilzkrankheiten.

Tomaten: Geiztriebe und überzählige Jungpflanzen (1 kg / 10 l) 14 Tage lang verjauchen. Kohlgewächse 1:1 verdünnt 1–2-mal wöchentlich sprühen, um Kohlweißlinge fern zu halten. Die Erde um Setzlinge gießen (1:1), hält Schnecken fern.

Wermut: blühendes Kraut verjauchen (500 g / 10 l); Jauche unverdünnt gegen Ameisen, Gemüsefliegen, Erdflöhe, Raupen und Blattläuse verwenden. Brühe: 300 g blühendes Kraut aufkochen, in 10 l Regenwasser einrühren und 2 Tage ziehen lassen. 1:3 verdünnt gegen Apfelwickler ab Ende Mai bis Ende Juli wöchentlich sprühen; gegen Zwiebelfliege den Boden auf dem Zwiebelbeet damit gießen.

Wurmfarn: im Sommer gesammelte Wedel grob zerkleinern, 1/2 Std. in Wasser aufkochen (5 kg / 10 l). Die Brühe 1:10 verdünnt gegen alle Insekten spritzen, die an Pflanzen fressen oder saugen. Gibt man einige zerstoßene Rosskastanien oder grüne Walnuss-Schalen hinzu, erhöht dies die Wirkung. Extrakt stellt man aus getrockneten Wedeln her: 0,5 l Regenwasser in eine Flasche füllen, 5 g Farn hineinbröseln, 3 Tage stehen lassen. Mit dem unverdünnten Extrakt Blutläuse an Apfelbäumen bepinseln. Verdünnt (0,5 l Extrakt / 10 l Wasser) gegen Schildläuse spritzen.

Zwiebeln: Küchenabfälle (Schalen, Schlotten) sammeln und 8–10 Tage gären lassen (1 kg / 10 l). Stärkt ebenso wie Knoblauch-Jauche die pflanzliche Abwehr. 1:10 verdünnt gegen Grauschimmel an Erdbeeren, Möhrenfliege. Gegen Krautfäule an Kartoffeln 1:5 verdünnt auf den Boden gießen, um die Sporen abzutöten.

Kompost-Wasser

Junger Kompost eignet sich hervorragend zur Herstellung einer Pflanzen stärkenden Brühe. Die darin enthaltenen Mikroorganismen (Pilze, Bakterien) überziehen die Gewächse mit einem Schutzfilm, der schmarotzenden Pilzen das Leben erschwert.

Auf die abwehrende Wirkung von Wurmfarn auf Schädlinge vertrauen Gärtner schon seit sehr langer Zeit.

Grauschimmel *(Botrytis cinerea)*, Braunfäule an Tomaten, Krautfäule an Kartoffeln *(Phytophthora infestans)* und verschiedene Echter-Mehltau-Pilze (u.a. *Erysiphe*) haben das Nachsehen. Außerdem mobilisieren mit Kompost-Tee behandelte Pflanzen ihre Abwehr, sie verstärken die Zellwände und schicken mobile Schutztruppen auf Patrouille.
Kompost-Tee herzustellen ist ganz einfach: Man füllt einen Eimer zur Hälfte mit frischem Kompost und gießt mit Regenwasser auf. Zwei, drei Löffel voll Steinmehl oder eine Tasse voll Algenextrakt halten die Mikroorganismen bei Laune, ebenso leicht verdauliche Nahrung wie Zucker (5 g / l). Den Eimer stellt man warm (20–25 °C) und rührt täglich zwei-, dreimal kräftig um. Nach etwa einer Woche seiht man die Brühe ab, verdünnt sie 1:5 bis 1:10 mit Regenwasser und sprüht damit die Pflanzen wöchentlich tropfnass. Es ist wichtig, auch die Blattunterseiten zu benetzen. Da der Auszug lebende Mikroorganismen enthält, ist er nur begrenzt haltbar. Innerhalb einer Woche sollte man ihn verbrauchen und deshalb alle ein bis zwei Wochen neuen Kompost-Tee ansetzen.

Verwenden Sie zum Herstellen von Kompost-Tee unbedingt jungen Kompost. Denn nur er enthält schützende Mikroorganismen in ausreichender Menge.

Moos-Extrakt

Schon früh fiel genau beobachtenden Menschen auf, dass Moos von Krankheiten und Schädlingen unbehelligt bleibt. Selbst Schnecken lassen die saftigen, grünen Pflanzen links liegen; sie hungern sogar lieber, als sich daran zu vergreifen, fanden Forscher heraus.
Moose haben keine Stacheln oder derbe Blätter, sondern schützen sich mit Stoffen, die sie ungenießbar machen. Früher zupfte man einige Hand voll Rasenmoos aus, überbrühte es mit Wasser und ließ den Tee zwei, drei Tage lang stehen. Mit dem unverdünnten Sud besprühte man die Gemüsepflanzen. Mitarbeiter der Universität Bonn bestätigten inzwischen die Wirkung von Moos-Extrakt und empfehlen, 50 g getrocknetes Moos in 1 Liter Wasser anzusetzen. Den Auszug lässt man einen Tag lang ziehen, seiht ihn ab und verwendet ihn unverdünnt. Mittlerweile gibt es fertigen, aus dem besonders gut wirksamen Lebermoos hergestellten Extrakt im Handel.
Moos-Wasser hält zwar auch Schnecken auf Abstand, es schützt die Pflanzen jedoch vor allem gegen Angriffe von Pilzen: zum Beispiel gegen Echten Mehltau (*Erysiphe* u.a.), Krautfäule an Kartoffeln und Tomaten *(Phytophthora infestans)*, Grauschimmel *(Botrytis cinerea)* an Zimmerpflanzen, Erdbeeren oder Weintrauben. Das Mittel wirkt vorbeugend und nur, wenn man alle ein bis zwei Wochen die Pflanzen tropfnass damit besprüht, auch die Blattunterseiten.

Milch gegen Pilze

Wöchentliche Spritzungen mit Milch-Wasser (2 l / 10 l) beugen bei Tomaten und Kartoffeln Krautfäule *(Phytophthora infestans)* vor, sofern man an sonnigen Tagen frühmorgens sprüht. Ab und zu kann man zur Unterstützung der Kur die Brühe auch gießen. Bei Gurken, Zucchini und Kürbissen stärkt die Milch-Dusche die Abwehrkräfte gegen Mehltau. Statt Frischmilch eignen sich auch unerhitzter Natur-Joghurt (ohne Früchte und Bindemittel) oder roher Sauerkraut-Saft.

Regelmäßige Spritzungen mit verdünnter Vollmilch schützen Tomatenpflanzen vor Krautfäule.

Große und kleine Plagen

Lassen Sie die chemische Keule im Schrank! Schon unsere Vorfahren wussten sich mit einfachen Hausmitteln zu helfen.

Ameisen ziehen um

Schon vor 2000 Jahren tauschten Gärtner Tipps aus, wie man den lästigen, bisweilen schädlichen Ameisen zu Leibe rücken könne. Der Römer Plinius empfahl: *»Am wirksamsten werden sie durch Heliotropium-Kraut vernichtet. Auch in Wasser aufgeschlämmtes rotes Ziegelmehl ist schädlich.«* In späteren Jahrhunderten bestreute man die Nester mit Asche, Gerberlohe, Kalk oder Ofenruß oder schwemmte das Ameisen-Heim mit dem Sud abgekochter Wolfsmilch zu. Beliebt war auch, einen »abgegessenen, hohlen Markknochen vom Ochsen oder einen Schaffskopf neben ihre Wohnung« zu legen, wo die Tiere sich sammeln und man sie mit »Feuer oder Wasser« vernichten konnte. Heutzutage bietet man ihnen **umgestülpte Tontöpfe** als neues Haus an und siedelt sie in die freie Natur um. Will man sie zum freiwilligen Umzug bewegen,

Ameisen machen um Zimt und andere stark duftende Stoffe einen großen Bogen, da er ihre Sinne verwirrt.

etwa weil sie in Haus und Wintergarten lästig werden, drückt man eine **Zimtstange** in ihr Nest oder streut Zimt oder Backpulver auf ihre Handelswege. Nisten sie sich in Blumentöpfe ein, gießt man die Pflanzen öfter durchdringend mit **Wermut-Tee.** Reines Wasser belästigt die Tiere zwar, veranlasst sie aber nicht zum Auswandern, da die Leichtgewichte mühelos auf dessen Oberfläche laufen können, ohne unterzugehen. Ein Spritzer Spülmittel ändert das rasch, ist allerdings auch für die Pflanzen unbekömmlich.
Freiwillig siedeln Ameisen um, wenn man Weinraute, Lavendel oder Rosmarin direkt in oder neben ihr Nest pflanzt oder die Triebe hineinsteckt.
Bestanden die Ameisen auf Unterkunft und Verpflegung im Haus des Gärtners, köderte er sie, indem er ein haselnussgroßes Stück Bäckerhefe mit einem Esslöffel Wasser und

Zucker zu einem steifen Brei rührte und als Köder auf den Ameisenstraßen auslegte. Damit die Masse nicht so schnell austrocknete, gab er ein bisschen Honig dazu. Die tödliche Speise wurde so oft erneuert, bis die letzte Ameise verschwunden war.
Um die Ameisen am Auf- und Abmarschieren von Gehölzen und Betreuen ihrer Blattlaus-Kolonien zu hindern, umwickelte man die Stämme mit Stroh oder ungewaschener Schafwolle. In späteren Zeiten schmierten Gärtner einen breiten Barrierering aus Vaseline auf die Rinde; um die Wirkung zu verstärken, mischten sie einige Tropfen Pfefferminz-Öl oder ein anderes stark riechendes ätherisches Öl darunter.

Kartoffel-Wasser gegen Läuse

Blattläuse sitzen zwar in großen Scharen an den Triebspitzen, richten allerdings gewöhnlich kaum Schaden an, weil meist innerhalb kurzer Zeit Marienkäfer, die Larven von Schwebfliegen oder Gallmücken dort aufräumen – sofern sich keine Ameisen in der Nähe befinden, denn diese vertreiben alle Blattlaus-Feinde. Nur Ohrwürmer lassen sich von ihnen nichts gefallen.

Blattläuse, die von Ameisen betreut werden, vermehren sich stark, denn ihre Beschützer verwehren Blattlausfeinden den Zutritt zur Kolonie.

Irren ist menschlich

Der römische Natur-Schriftsteller **Plinius der Ältere** schrieb vor etwa 2000 Jahren: *»Auch die Gartengewächse werden, wie die übrigen Pflanzen der Erde, von Krankheiten heimgesucht. Das Basilikum entartet im Alter zum Feldthymian, und das Sisymbrium zur Minze; aus altem Samen vom Kohl werden Rüben und umgekehrt.«* Natürlich wechseln die Pflanzen nicht ihre Gestalt. Hätten die Gärtner damals öfter gejätet, wäre das Basilikum nicht vom Thymian überwuchert worden. Und was dabei rauskommt, wenn man Saatgut unbeschriftet wegräumt und nach Jahren wieder hervorholt – von diesem munteren Pflanzen-Samen-Namen-Raten wissen auch Gärtner in heutiger Zeit ein Lied zu singen.

Spritzungen mit Rhabarber- oder Wermut-Tee schafft Abhilfe. Ebenfalls zuverlässig gegen grüne Blattläuse an Rosen und anderen Gewächsen hilft Kartoffel-Wasser. Man verwendet die unverdünnte gelbbraune Brühe, in der Pellkartoffeln gekocht wurden, oder kocht einige rohe Kartoffelschalen aus.

Drahtwürmer ködern

Drahtwürmer treten vor allem auf frisch umbrochenen Wiesen- oder Rasenflächen auf. Die Larven verschiedener Schnellkäferarten, die mehrere Jahre im Boden verbringen, bevor sie ihr Leben als Käfer antreten, mögen am liebsten Möhren; an zweiter Stelle folgt Salat, dann Kartoffeln. Diese Vorliebe macht man sich zunutze und legt ihre Lieblingsspeise als Köder aus: Man steckt in das Salatbeet halbierte Möhren, Schnittfläche nach unten, 3–4 cm tief in den Boden, nur die Spitze schaut heraus, damit man sie leicht wieder findet. Alle drei, vier Tage ist ein Kontrollgang fällig. Man sammelt die in und an den Möhren hängenden Drahtwürmer ein und gräbt auch in der Umgebung des Köders nach weiteren Larven. Mit halbierten Kartoffeln lassen sie sich ebenfalls ködern; sobald die Schnittflächen jedoch eintrocknen, verlieren die Larven etwas an Appetit. Zwischen Kartoffeln setzt man Salat als Fangpflanzen, kontrolliert diese regelmäßig und gräbt auch in ihrem Wurzelbereich nach den Larven. Gießt man von Drahtwürmern bewohnte Beete mehrmals mit Rhabarberblätter-Tee, suchen die Schädlinge das Weite.

Wasserscheue Erdflöhe

Erdflöhe löchern seit Tausenden von Jahren die Blätter von Kohlgewächsen und die anderern Kreuzblütlern. Dazu zählen neben vielen Wildkräutern wie Hederich oder Acker-Senf auch Rettich, Radieschen oder Levkojen. Zum Glück gibt es ein paar einfache Tricks, die dem Gärtner helfen, die springlebendigen Tiere in ihre Grenzen zu verweisen. Regelmäßiges Aufreißen verkrusteter Erde und Mulchen gehören dazu, da die Käferchen glatte Absprungflächen lieben. Basilikum, Salat, Spinat und Buschbohnen bevorzugen lockere, gut durchlüftete Böden; wo sie gedeihen, bleiben auch Kohlgewächse von Erdflöhen verschont. Das Feuchthalten des Bodens erschwert den wasserscheuen Tierchen ebenfalls das Leben. Normalerweise genügen diese Maßnahmen, um dem Spuk auf dem Kohlbeet ein Ende zu bereiten. Schwerere Geschütze fährt auf, wer das Gemüse und die Erde fein mit Steinmehl bestäubt oder den Boden mit Wermut- oder Rainfarn-Jauche gießt.

Erdflöhe durchlöchern die Blätter von Kohlgewächsen. Besonders gefährdet sind junge Pflanzen, deren Wachstum durch Trockenheit ins Stocken gerät.

Begonien gegen Schnecken

Not macht erfinderisch, und Schnecken machen gezwungenermaßen ganz besonders erfinderisch. Manche Gärtner legen Rhabarberblätter oder modernde Bretter zwischen die Gemüsebeete. Tagsüber verkriechen sich die Schnecken darunter, und man kann sie leicht absammeln.

- Lange galt als bewährtes Verfahren, **Tonröhren** schräg in die Erde zu graben, wobei das eine Ende herausragte. Dort hinein stopfte man altes Laub oder dergleichen. Von Zeit zu Zeit zog man die Röhre heraus, reinigte sie von den Schnecken und grub sie wieder ein.
- Damit sie Schneckeneier aufspürten und verspeisten, schickte man im Herbst eine Woche lang täglich die **Hühner** in den Gemüsegarten, wo sie auf den abgeräumten Beeten nach Herzenslust scharren konnten.
- Oder man deckte im Herbst die Beete mit einer dünnen Schicht **Eichen- oder Walnuss-Laub** ab. Die in den Boden ausgewaschenen Gerbsäuren hemmen nicht nur Wildkräuter am Keimen, sondern beeinträchtigen auch Schneckeneier. Manche Gärtner vertrauten auf einen Wall aus altem Eichenlaub zwischen den Gemüsebeeten, um den kleinen Grenzverkehr während der Saison zu unterbinden.
- Um die Tiere von Kohl-Setzlingen abzulenken, streute man zwischen das Gemüse gehäckselte **Futterrüben.** Für die saftigen Rüben ließen die Schnecken alles andere links liegen. Studentenblumen, alte Salatblätter oder eine dünne Schicht Grasschnitt erfüllen denselben Zweck.
- Trockenen Mulch aus zerbröseltem **Schachtelhalm** überwinden die Schnecken ungern. Das siliziumhaltige Kraut fördert gleichzeitig die Bodengesundheit und beugt Pilzkrankheiten vor.
- Bäuerinnen in Österreich zäunen die Gemüse-Beete mit einem breiten Band (10–15 cm) aus **Kresse** ein. Andernorts bevorzugt man Petersilie. Diese wird sehr früh ausgesät, damit der grüne Wall möglichst schon zu Beginn der Schneckensaison einsatzfähig ist.
- **Begonien,** Semperflorens oder andere Arten, vergällen den Schnecken den Appetit auf Kohl und Salat. Man zerkleinert etwa 500 g Begonien, Stängel

Die unersättliche Gier der Nacktschnecken brachte schon in früheren Zeiten so manchen Gärtner um die verdiente Ernte und zur Verzweiflung.

Schnecken meiden in Begonien-Tee gebadete Setzlinge und mit dem Absud gegossene Pflanzen.

Die bei Vögeln besonders begehrten Maiskörner lassen erfahrene Gärtner vor der Saat einen Tag lang in Tee aus Rhabarber-Blättern vorquellen. Das vergällt selbst den wenig wählerischen Krähen den Appetit und verringert zudem den Befall mit Drahtwürmern.

und Blätter, und weicht sie 1 Tag lang in 10 l Regenwasser ein. Vor dem Verpflanzen taucht man die Wurzeln der Gemüsesetzlinge in die Brühe oder stellt sie mit Wurzelballen etwa 1 Stunde lang hinein, damit sie sich voll saugen. In den folgenden Wochen gießt man alle paar Tage den Boden um die Pflanzen mit dem unverdünnten Begonien-Wasser.

- An dünn mit **Heilerde** bestäubten Pflanzen verlieren Schnecken ebenfalls ihr Interesse. Die Wirkung verstärkt, wer auch den Boden damit bepudert. Ähnliche Effekte erzielt man mit Basaltmehl.
- Eine Barriere aus dicht stehendem **Ziertabak** hindert Schnecken am Einwandern in den Garten oder zu den Gemüsebeeten.

Wenn Vögel die Kirschbäume plündern, tun sie es gründlich. Dabei verspeisen sie so manche Kirschfruchtfliegen-Made, davon profitiert der Gärtner jedoch erst im folgenden Jahr.

Alle Vögel sind schon da

- Amseln picken gerne an gelben Krokussen und zerstören sie. Streut man einen Ring getrockneter und zwischen den Händen zerriebener Tagetes-Samenstände neben die Krokusse, wählen die Amseln lieber die würzigen Samen. Gekauftes Saatgut ist einerseits zu schade für die Amseln, andererseits von den Blütenblättchen gereinigt und deshalb uninteressant für sie. Auch mit aussortierten Äpfeln aus dem Obstkeller lassen sich die noch vor 100 Jahren scheuen »Waldvögelein« von den Frühlingsblühern ablenken.
- Wenn Vögel Knospen verbeißen, tun sie dies oft aus Durst. Stellt man an einem freien, übersichtlichen Ort, wo sich kein Vogelfeind unbemerkt anschleichen kann, Vogeltränken auf, löst sich das Problem von selbst.
- Frisch gesäte Erbsen und andere Saaten deckt man mit Reisig ab, um sie vor interessierten Vögeln zu schützen.
- Wenn die Früchte reifen, heißt es bei der Ernte von Kirschen, Heidelbeeren, Apfelbeeren oder Johannisbeeren schneller zu sein als Amseln oder Stare. Neben nicht allzu hohen gefährdeten Pflanzen schlug man Haselstöcke in den Boden,

Der Felsen-Storchschnabel duftet so intensiv, dass Kaninchen jegliches Interesse an Futterpflanzen verlieren, die von dem Bodendecker umringt sind.

stülpte Blumentöpfe oder Marmeladengläser über die Pfähle und legte darüber ein Netz. Liegt das Netz direkt auf den Stöcken, reißt es leicht ein und lässt sich außerdem schwieriger in Position ziehen.

Tauben auf Schneckenjagd?
Im 19. Jahrhundert stritten die Gelehrten heftig, ob Tauben nützlich oder schädlich seien. *»Zweifellos sind unsere Feldtauben bis zur Ernte der Halmfrüchte, Erbsen usw. nützliche Insektenfresser und Unkrautvertilger«*, heißt es in einer alten Gartenzeitung. *»Nicht nur, daß sie die jungen Unkrautspitzen mit Vorliebe verzehren, sie suchen auch während der Frühjahrsmonate die Ackerschnecken und andere kleine Schädlinge zu ungezählten Millionen von unseren Feldern.«* Um die Sache endlich zu klären, veranlasste ein Landwirtschaftsminister eine Umfrage: 3/5 der Befragten verneinten die Nützlichkeit, 2/5 stimmten ihr zu. In heutiger Zeit findet man die größten Taubenschwärme in den Städten; in den Gärten richten die Tiere kaum noch Schäden an.

Landeverbot für Amseln
Edelreiser an frisch veredelten Bäumen laden wegen ihrer buchstäblich herausragenden Position Vögel zum Rasten ein. Unter dem Gewicht schwerer gefiederter Gäste brechen die Veredlungen jedoch häufig ab, und die mühevolle Arbeit ist umsonst. Um das zu verhindern, bogen Obstgärtner einen Weidenzweig bügelartig über das Edelreis. Andere banden rechts und links von der Veredlung Zweigstücke an den Ast, die deutlich länger waren als das Edelreis, zu dessen Schutz sie dienten.

Ausgesperrt!

Im Mittelalter und später klagten Gärtner über zwei- und vierbeinige Schädlinge, die für große Verluste auf den Gemüsebeeten sorgten: Diebe, Hunde, Katzen, Ziegen, Hasen. Mit Hilfe eines dichten Zauns und fester Türen könne man sie jedoch aus dem Garten heraushalten.
Um junge Obstgehölze im Winter vor hungrigen Wildtieren zu schützen, ließen viele Gärtner einige Kohlstauden als Hasenfutter auf den Beeten stehen. Auch Schnittholz, vor allem von Apfelbäumen, das man möglichst an den Gartengrenzen ablegt, hält die Hasen von den Bäumen fern. Der Felsen-Storchschnabel *(Geranium macrorrhizum)* duftet so intensiv, dass Kaninchen jedes Interesse an Futter verlieren, das von dieser Bodendeckerstaude umringt ist.

Wühlmäuse wandern aus

»Ein sehr niederträchtiges Geschöpf ist die Wühlmaus oder Erdratte«, schreibt ein Gartenbuchautor vor etwa 100 Jahren, *»und manche ihrer häßlichen Taten wird dem viel unschuldigeren, zum größten Teil sogar nützlichen Maulwurf auf die Rechnung geschrieben.«*
Im Anbetracht seiner Nützlichkeit, da er Engerlinge und andere »schädliche Würmer« verspeist, verzieh man dem Maulwurf, dass er manchmal versehentlich Pflanzen ausgrub. Noch vor etwa 500 Jahren schaute man nicht so genau hin: *»Den Maulwürfen ist auf so mancherlei Art nachgesetzet worden von den Alten«,* heißt es, so dass der Autor den Eindruck gewann, *»als hätten sie das ganze Geschlecht ausrotten wollen«.* Da jedoch noch so viele Tiere übrig geblieben seien, mutmaßte er, hätten die Alten ihre Kunst wohl nicht verstanden, und er empfahl, sich mit dem Spaten vor die Löcher zu stellen und auf das Auftauchen der Tiere zu warten. Inzwischen droht Maulwürfen von dieser Seite keine Gefahr mehr, denn sie stehen unter Naturschutz!

Wühlmäuse leisten ganze Arbeit: Sie nagen Wurzeln junger Bäume bis auf den Stamm ab.

Schützen oder vertreiben?

Um junge Obstbäume vor Wühlmäusen zu schützen, ummantelten schon die Großväter unserer Großväter den Wurzelraum bei der Pflanzung mit einem dicht schließenden Drahtkorb. Ein wütender Dresdner Gärtner hatte im 19. Jahrhundert eine originelle Idee, um seinen gesamten Garten von den Wühlern zu befreien: Er hackte sämtliche dornigen Zweige von Rosen, Weißdorn, Stachelbeeren, Robinien, die er bei Schnittarbeiten gewann, in kurze Stücke und grub sie in den Boden. Im Laufe der Jahre hatte er den Obstgarten und die Gemüsebeete mit unterirdischen Dornenhecken eingerahmt und Ruhe vor den »Unholden«, die es verständlicherweise nicht schätzen, beim

In einen dicht schließenden Drahtkorb gepflanzte Apfelbäume sind vor Wühlmäusen geschützt.

Wühlen von Dornen und Stacheln gestört zu werden. »Sie gehen also und kehren niemals wieder.« Ansonsten war früher Schießen, Fallenstellen und Vergiften angesagt. Man schnitt Möhren, Pastinaken oder Sellerieknollen der Länge nach durch, höhlte sie aus und legte die Samen der Kreuzblättrigen Wolfsmilch *(Euphorbia lathyris)* oder andere Gifte hinein. Außerdem grub man große, zur Hälfte mit Wasser gefüllte Dosen oder Gläser ebenerdig in ihre Gänge ein. Die abgestürzten Tiere ertranken. Die Erfolgsquote bei dieser Methode ist hoch, doch außer Wühlmäusen geraten hin und wieder auch die nützlichen,

schädlingsvertilgenden Spitzmäuse in die Fallen.
Regelmäßig in ihre Gänge gegossene konzentrierte Holunder-Jauche vergrämt ebenfalls Wühlmäuse. Wichtig ist jedoch durchdringendes Gießen; ein paar Schluck Holunder-Jauche, besonders auf schweren Böden, stört sie nicht.
Vor Oleander nehmen Wühlmäuse ebenfalls Reißaus. Man stopft deshalb beblätterte Triebe oder getrocknete, grob zerkleinerte Blätter in die Öffnungen.

Eine Barriere aus grob zerkleinerten, vergrabenen Stachelbeer-Zweigen sperrt ebenfalls Wühlmäuse aus.

Aprikosen blühen so zeitig im Frühjahr, dass die Blüten nahezu jedes Jahr Frösten zum Opfer fallen. Ein wärmender Fichten-Vorhang rettet die Ernte.

Sowohl Wühlmäuse als auch Mäuse mögen den Oleandergeruch nicht und wandern weiter – wie weit, hängt davon ab, wie viel Oleander Sie zu opfern bereit sind. Oleander ist giftig, er gehört zur Familie der Hundsgiftgewächse *(Apocynaceae)*; deshalb sollte man beim Hantieren mit dieser Pflanze Handschuhe anziehen.
Wo nachts Katzen auf der Lauer liegen, löst sich das Wühlmausproblem von alleine.

Dies und Das

Wärmender Fichten-Vorhang

Aprikosen und Pfirsiche sind Steppenpflanzen. Sie ertragen kalte Winter und heiße Sommer. Frühling und Herbst gibt es in ihrer Heimat nicht, innerhalb einer kurzen Übergangszeit weicht dort die Kälte der großen Hitze. Auch in unseren Breiten wecken die ersten warmen

Sonnenstrahlen im Spätwinter diese Obstgehölze aus ihrem Kälteschlaf und vermitteln ihnen den Eindruck: »Es darf geblüht werden, es ist Sommer.«
In Mitteleuropa bestimmen allerdings Winter und Sommer bis weit in den Mai hinein das Wetter. Die besonders früh im Jahr erscheinenden Aprikosen- und Pfirsichblüten erfrieren deshalb regelmäßig. Um das Blühen zu verzögern, schützten Obstgärtner ihre Bäume mit Säcken oder Schilfmatten vor wärmenden Sonnenstrahlen.

Der um den Stamm gebundene Strohmantel beugt Schäden durch starke Temperatur-Schwankungen vor.

Früher wurden Aprikosen viel häufiger angebaut als in heutiger Zeit. Die meisten standen als lockeres Spalier gezogen an der Haus- oder Scheunenwand. Weit verbreitet war der Brauch, ein Holzspalier oder in späterer Zeit ein Drahtgitter (Baustahlmatte) davor anzubringen, etwa im Abstand von 30 cm, und dieses im Frühjahr mit Fichtenzweigen zu behängen. Hinter dem grünen Vorhang blieben die blühenden Bäume unbehelligt von Frost. Ein Vlies erfüllt denselben Zweck und ist leicht anzubringen. Zieht man das Vlies direkt über den Baum, brechen jedoch viele Blüten ab, außerdem werden dadurch die Bienen ausgesperrt – und ohne Bienen gibt es keine Früchte. Mit einem Fichtenvorhang schützte man auch Spalierbäume vor Blütenfrost. An schönen Tagen entfernte man tagsüber einige Zweige und hängte sie am Abend wieder ein. Drohten starke Fröste, stellte man zusätzlich Strohmatten davor.

Strohmantel als Sonnenschutz

Im Herbst gepflanzten Bäumen band man einen Mantel aus Stroh oder Sackleinen um den Stamm. Dieser schützte vor praller Wintersonne. Im Spätwinter sind die Gehölze starken Temperaturschwankungen ausgesetzt, verursacht durch Nachtfrost und Sonnenschein am Tag. Auf der Nordseite ist die Rinde oft noch gefroren, während auf der Südseite bereits sommerliche Wärmegrade herrschen. Das Gewebe gleicht die hohen Spannungen aus, indem es reißt. Diese Risse heilen am besten – wenn man sie möglichst bald verbindet – unter einem Pflaster aus Lehm und Kuhmist, angerührt mit Ackerschachtelhalm-Brühe. Die Paste vor dem Auftragen einen Tag lang quellen lassen, gelegentlich umrühren. Als Verband dient Sackleinen, ein altes Betttuch oder sonstiges luftdurchlässiges Gewebe. Gelegentliches Befeuchten des Verbandes mit Schachtelhalm-Brühe beschleunigt die Heilung.
Auch andere Rinden-Verletzungen, die hungrige Hasen, Arbeitsgeräte oder Rasenmäher hinterlassen haben, kuriert man mit der Mist-Paste. Wer keinen Zugriff auf Kuhmist hat, rührt eine breiige Masse aus Tonmehl, Brennnessel-Jauche und Ackerschachtelhalm-Brühe an. Manche Gärtner geben außerdem stark konzentrierten Kamillen-Tee und Steinmehl dazu.

Um die Obstblüten vor Frost zu schützen und die kostbare Ernte zu retten, scheuten Gärtner in früheren Zeiten weder Mühen noch Kosten.

Frostschutz für die Obstbaumblüte

In unseren Breiten droht Obstblüten die größte Gefahr durch Nachtfröste. Es vergeht kaum ein Jahr, an dem nicht ein Teil durch Temperaturen um den Gefrierpunkt zerstört wird. Um die Blüte zu verzögern, deckt man die Baumscheibe mit Mulch ab, denn offener Boden erwärmt sich schneller als abgedeckter. Am kältesten ist es am frühen Morgen kurz vor dem Hellwerden. Man legte deshalb spät am Abend glühend heiße, große Steine unter die Bäume oder stellte mehrere Gefäße mit glühenden Kohlen auf, die man mit in Öl getränkten alten Lappen abdeckte, damit möglichst viel Rauch entstand. Das Feuer sollte ja nicht lodern, sondern nur glimmen und die Bäume in Rauch einhüllen. Noch vor 100 Jahren konnte man Frostschutz-Öfen im Handel kaufen, die mit Stein- oder Braunkohle befeuert wurden und pro Nacht etwa 24 Briketts verbrauchten. Auch Paraffinbrenner – das waren Pappeimer mit etwa 10 kg Paraffin – kamen zum Einsatz.

Heute sind weniger rauchige Methoden beliebter: Kleinwüchsige Bäume umhüllt man am besten mit einer Schilfmatte. Frostempfindliche Stauden oder niedrige Gehölze wärmen zuverlässig Öllichter, wie sie für Friedhöfe gebräuchlich sind. Man stellt sie auf einen Tonuntersetzer (bei Plastik besteht Brandgefahr!), zündet sie an und stülpt einen großen Tontopf darüber. Der Ton erwärmt sich und gibt die Wärme langsam an die Umgebung ab.

auf einen blick

- Kombiniert man die richtigen Pflanzen, schützen sie sich gegenseitig vor Krankheiten und Schädlingen.
- Kräuter duften den Garten gesund. Auf ihre Hilfe sollte kein Gärtner verzichten.
- Frühes oder spätes Säen trickst Gemüsefliegen aus.
- Kräuter-Tees vertreiben und verwirren Schädlinge und erschweren Pilzen das Leben.
- Ameisen, Schnecken und andere große und kleine Plagen lassen sich durch allerlei Tricks wirksam in ihre Schranken verweisen.

Ernten und Lagern

Nach einem Gewitter schwärmten die Menschen früher aus, um das Fallobst an Straßenbäumen und auf Streuobstwiesen zu sammeln. Obst und Gemüse waren kostbar, besonders pfleglich wurden die Vorräte behandelt. Äpfel wickelte man in Seidenpapier, Kohl hängte man kopfüber an eine Wäscheleine im Keller.

Der 'Weiße Wintercalvill' gilt als der köstlichste aller Äpfel, aber auch als der heikelste im Anbau.

Obst gut aufgehoben

• Besonders **wertvolle Spalierobst-Früchte** stützten Obstgärtner, indem sie den halbwüchsigen Apfel oder die Birne auf ein Brettchen legten, das seinerseits auf einem in den Boden gesteckten Stab ruhte. Um die Frucht weich zu betten, schob man etwas Moos zwischen Apfel und Brett. Gestützte Früchte entwickeln sich zu wahren Musterexemplaren. Diese Vorzugsbehandlung erhielt zum Beispiel der **'Weiße Wintercalvill',** der als die beste Apfelsorte überhaupt gilt. Seine auffallend gerippten Früchte mit dem saftigen, lockeren Fruchtfleisch und dem einzigartigen Aroma konnte sich früher nur der Adel leisten. In heutiger Zeit kommen auch Normalsterbliche in den Genuss, sofern sie die sehr hohen Ansprüche des Baumes an Boden, Klima und Pflege befriedigen können.

• Über die Früchte des 'Weißen Wintercalvill' und anderer kostbarer Sorten zog man 4–6 Wochen vor der Ernte **Papiertüten,** damit die Schale weich und zart blieb. Nahm man einige Tage vor dem Pflücken die Tüte ab, färbte sich die gebleichte Schale, wie es der Sorte entsprach, rot oder gelb. Auf die gebleichten Früchte roter Sorten wie der 'Roten Sternrenette' band man nach dem Abnehmen der Tüten mit Hilfe von Gummiringen Schablonen; beliebt waren Kronen oder Initialen. Unter den Schablonen blieb die Schale bleich, der Rest der Frucht färbte sich rot. Solche »mit Hilfe des Sonnenlichts bemalten Äpfel« wurden als Nachtisch auf Festmählern gereicht und dienten zu mancherlei Belustigung.

• *»In der Regel zeigt jede Sorte an, wann sie gepflückt sein will«,* hieß es früher, *»indem sie einzelne Früchte fallen lässt.«* Zunächst **erntete** man nur die **Hälfte der Früchte** und zwar die größten; die restlichen ließ man einige Zeit nachreifen, wobei sie beträchtlich an Qualität gewannen.

• **Äpfel und Birnen** pflückte man grundsätzlich nur am **Vormittag,** nachdem sie gut abgetrocknet waren.

◀ Der Lohn nach einem arbeitsreichen Jahr: Erntekörbe voll mit Obst und Gemüse, das auch im Winter für abwechslungsreiche Kost sorgte.

Mit Hilfe des Sonnenlichts Äpfel zu »bemalen« war früher bei Obstgärtnern sehr beliebt.

Bauernregeln

Wenn der September noch donnern kann, setzt das Obst viel Blüten an.

Wie im September tritt der Neumond ein, so wird das Wetter den Herbst durch sein.

Bleibt das Laub am Ast, viel Ungeziefer zu fürchten hast.

Schneit es im Oktober gleich, wird der Winter weich.

Ist der Oktober kalt, so macht im nächsten Jahr der Raupenfraß Halt.

Wenn's an Allerheiligen schneit, halte deinen Pelz bereit.

Im November ist hinter jeder Pflanze ein anderes Wetter.

Trockener Dezember, trockener Sommer.

• Alle Früchte, die am selben Tag verzehrt werden, wie Kirschen, Pflaumen oder anderes **Steinobst,** pflückte man **am frühen Morgen,** solange noch Tau darauf lag.
Vormittags speichert das Obst mehr Wasser, es schmeckt aromatischer als in der größten Mittagshitze geerntetes und bleibt auch länger frisch.

• Schütteln galt schon früher als eine sehr »mangelhafte Art« der Ernte. »Die Hand ist und bleibt unser bester Pflücker«, stand in jedem Lehrbuch, und daran hat sich bis heute nichts geändert. Äpfel wurden in **gepolsterte Weidenkörbe** gelegt, die man mit Hilfe von Fleischerhaken an einem Ast oder an der Leiter aufhängte. Auf diese Weise hatte man beide Hände frei und konnte bequem ernten.

• Reife, makellose Exemplare von späten oder kostbaren Apfelsorten wie dem 'Weißen Wintercalvill' wickelten die Gärtner einzeln in **Ölpapier,** legten sie vorsichtig Lage für Lage in eine Kiste und füllten die Zwischenräume mit Holzwolle oder Papierschnitzeln.

• Gewöhnliches Hochstamm-Obst, das nicht für königliche Tafeln bestimmt war, erntete man in einen **Pflücksack.** Dazu diente ein sauberer Sack, an dessen Enden an einer Längsseite eine Schnur geknotet wurde, damit man ihn umhängen konnte und somit auf der Leiter

Das weiche Beerenobst läßt sich nur bedingt lagern, es wurde versaftet, eingemacht oder zu Marmelade verarbeitet – und natürlich frisch verzehrt.

stehend beide Hände frei hatte.

• Äpfel, Birnen, Quitten und anderes Obst schütteten umsichtige Gärtner vom Pflücksack nicht in Kisten oder Waschkörbe, sondern legten die Früchte einzeln behutsam in das Gefäß, um möglichst wenig Druck auszuüben und die Haltbarkeit zu verlängern.

Handverlesene gesunde Früchte, einlagig, mit dem Stiel nach oben, nach Sorten getrennt – diese Äpfel und Birnen sind vorschriftsmäßig gelagert.

So nicht!

»Der Keller im gewöhnlichen Sinne ist der allerungünstigste Obstaufbewahrungsraum. Er hat selten eine reine, gute Luft, meistens ist er dumpfig, feucht; das Obst, das im Geschmack so außerordentlich empfindlich ist, nimmt schnell den unangenehmen Kellergeschmack an, und da im Keller noch alles mögliche aufbewahrt wird, geht das Obst alle möglichen Geschmacksverbindungen ein. Wenn noch eine dünne Schicht Stroh als Lager gegeben wird und das Stroh wird feucht, so erhalten die edlen Früchte jenen widerlich süßen Strohgeschmack, der jedem Obstfreund die Lust zum Obstgenuß für längere Zeit verderben kann.«

aus: Gartenbuch für Anfänger von Johannes Böttner, 7. Auflage, Hannover 1906

Sie brauchen frische Luft

• Winteräpfel wie 'Schöner von Boskoop', 'Boikenapfel', 'Ontario' oder 'Roter Eiserapfel' bleiben auch im Lager lange frisch, wenn sie bei Temperaturen von **3–6 °C** und hoher **Luftfeuchte** (80–90 %) aufbewahrt werden. Regelmäßiges **Lüften** beugt Fäulnis und Schimmel vor.

• Apfelkeller sind für **Mäuse** ein Schlaraffenland, regelmäßige Kontrollen deshalb unerlässlich. In den luftfeuchten Räumen nisten sich häufig **Kellerasseln** ein, denen die saftigen Äpfel ebenfalls schmecken. Legt man modernde Bretter aus, nehmen sie diese Verstecke gerne an. Von Zeit zu Zeit schüttelt man dann die Tiere vom Holz in einen Eimer und setzt sie auf dem Komposthaufen aus.

• Zum Einlagern eignet sich **nur makelloses Obst,** unreifes und verletztes verbraucht man möglichst bald. Tragen Bäume nur wenige Äpfel, fallen diese

Alte Apfelsorten

Danziger Kantapfel: 1758; lagerfähig bis Januar; Tafelapfel mit roter, seidiger Schale (Nikolausapfel), anspruchslos, frosthart; große rosafarbene Blüten
Goldparmäne: 1510; lagerfähig bis Januar, kleine bis mittelgroße rot gestreifte Früchte; anfällig für Schorf, Mehltau
Grahams Jubiläumsapfel: 1888; lagerfähig bis Januar, gelbe Früchte; anspruchslos, widerstandsfähig gegen Krankheiten und Frost
Korbiniansapfel: von Korbinian Aigner 1944 im KZ Dachau heimlich gezüchtet; lagerfähig bis Mai; saftiger, rot gestreifter Apfel; robust, widerstandsfähig
Maschanzker: 1841; lagerfähig bis Mai; kleine bis mittelgroße Früchte (idealer Pausenapfel für Kinder); robust, gedeiht bis auf 600 m Höhe
Prinzenapfel: 1820; lagerfähig bis Januar; rot gestreifter Apfel, zum Dörren geeignet; gedeiht in Küstenzonen und Höhen bis 1800 m, blüht spät, daher unempfindlich gegen Blütenfrost; verträgt keine trockenen Böden

Rote Sternrenette: 1790; lagerfähig bis Januar; dunkelroter Tafelapfel, auch als Christbaumschmuck; widerstandsfähig gegen Krankheiten und Frost, verträgt keine trockenen Böden
Wiltschire: 1800; lagerfähig bis März; hellgelber, leicht rot gestreifter Tafel-, Saft- und Backapfel; sehr robust, widerstandsfähig gegen Krankheiten, Winter- und Blütenfrost

Oben rechts: Goldparmäne;
Mitte: Grahams Jubiläumsapfel;
Unten: Rote Sternrenette.

gewöhnlich besonders groß aus. Diese Früchte werden auf dem Lager oft stippig, das heißt, das Fruchtfleisch ist von braunen, abgestorbenen Gewebe-Klümpchen durchsetzt. Weil sie um diese Zusammenhänge wussten, lagerten erfahrene Obstgärtner die erste Ernte von jungen Apfelbäumen nicht lange, sondern ließen sich den kleinen Korb voll großer Früchte schon bald nach der Ernte schmecken.

- Äpfel und Birnen wurden **einlagig** auf Horden ausgebreitet, mit dem **Stiel nach oben.** Nur die rauschaligen und festfleischigen Renetten wie 'Graue Französische Renette', 'Königlicher Kurzstiel' oder 'Boskoop' lagerte man zwei- oder dreireihig, um die Verdunstung und damit das Welken zu vermindern.
- Fehlten geeignete Räume, packte man die Äpfel nach Sorten getrennt mit oder ohne Trennschichten aus Stroh in **Kisten** oder kleine **Fässer,** in deren Boden, Deckel und Seiten man Luftlöcher gebohrt hatte. Diese wurden auf dem Dachboden, in Scheune oder Schuppen gelagert. Falls die Räume nicht frostfrei waren, hüllte man die Kisten oder Tönnchen bei Bedarf in Decken ein.

Gemüse sicher verwahrt

• Zupft man die äußeren Blätter des **Spinats** im Herbst mit den Fingern ab, statt sie zu schneiden, überstehen die Pflanzen den Winter besser als geschnittene. Beim Schneiden werden meist die Herzblätter verletzt und damit besonders anfällig für Frost. Für die Frühjahrsernte kann man wieder zum Messer greifen.

• **Grünkohl,** dessen Blätter während des Winters geerntet wurden, treibt zeitig im Frühjahr Seitentriebe. Diese zarten Sprosse galten früher als Delikatesse; man brach sie aus und mischte sie unter Salate oder in Suppen.

• **Blatt-** und **Stielmangold** sowie **Neuseeländer Spinat** müssen regelmäßig geerntet werden, um das Wachstum anzuregen. Überständige Blätter sind zäh und schmecken streng. Wer für das Blattgemüse zeitweise in der Küche keine Verwendung findet, erntet trotzdem und mulcht damit die Beete.

• Um **Knoblauch** am Keimen zu hindern, hängten Gärtner vor 2000 Jahren die Knollen über glühende Kohlen. In den Mittelmeerländern ist dieser Rauch-Knoblauch auch in heutiger Zeit noch sehr beliebt.

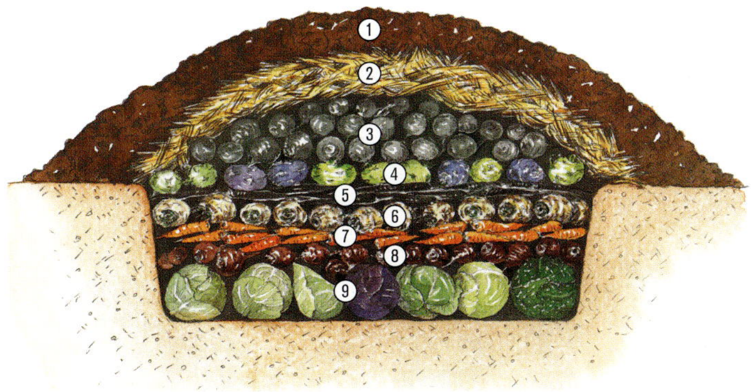

① Erde
② Stroh
③ Rote Rüben
④ Kohlrabi
⑤ Schwarzwurzeln
⑥ Sellerie
⑦ Möhren
⑧ Winterrettich
⑨ Kohlarten

Das Lagern in Erdmieten war früher weit verbreitet. Derart aufbewahrtes Gemüse blieb lange frisch.

Gemüse in die Grube

• Weit verbreitet war die Lagerung von Gemüse in **Mieten** oder Gruben (60–100 cm tief, 1–1,5 m breit). Kopfkohl befreite man von den Wurzeln, Wurzelgemüse von den Blättern, ohne das Herz zu verletzen. Weiß-, Blaukraut und Wirsing packte man mit dem Strunk nach oben in die Grube, Wurzelgemüse beliebig bis 10 cm unter den Rand. Abgedeckt wurde mit Stroh, darüber kam Erde, darauf bei starkem Frost strohiger Mist. Auch offene, mit Brettern oder Stroh abgedeckte Gruben waren üblich.
Um Mäuse auszusperren, kleidete man die Erdlager vor dem Befüllen mit engmaschigem Hasendraht aus. War der Unterboden durchlässig und trocken, hielt sich das Gemüse in diesen Gruben lange frisch. Für feuchte Böden eignet sich dieses Verfahren nicht.

• Hatte man nur kleine Mengen **Kopfkohl** angebaut, zog man diese samt Wurzeln aus der Erde, klopfte die Erdschollen ab

Eine pfiffige Methode, um Kopfkohl zu lagern: Die äußeren Blätter vergilben, doch der Kopf bleibt frisch.

So nicht! Gemüse nach Arten getrennt lagern, Möhren vor dem Einschichten in Sand nicht waschen.

Wurzelgemüse wie Möhren, Pastinaken, Wurzelpetersilie oder Sellerie schichtete man lagenweise und nach Arten getrennt in **feuchten Sand.** Der Sand wurde im Frühjahr von Pflanzenresten gesäubert, gesiebt und getrocknet. Dazu breitete man ihn im Sommer flach aus und ließ ihn von der Sonne braten und desinfizieren.

• Gelagerte **Kartoffeln,** die von Pflanzen stammen, die mit Krautfäule infiziert waren, besprühte man leicht mit unverdünntem Knoblauch-Tee.

• Weil die Lagermöglichkeiten begrenzt waren, kochte man früher große Mengen Gemüse ein oder vergärte sie milchsauer. Es wurde auch sehr viel getrocknet – außer Spargel, Gurken und Salat nahezu alle Gemüsearten.

Pflück dir einen Strauß

• Der beste Zeitpunkt zum Schneiden von Blumen ist sehr früh am Morgen oder, nach einem nicht zu heißen Tag,

und hängte sie in einem kühlen, feuchten Raum kopfunter auf oder legte sie auf ein Holzregal.

• Ebenso wie Lauch grub man Kopfkohl mit den Wurzeln in Sand ein, den man leicht feucht hielt.

Obst und Gemüse dürfen **nicht** zusammen **in einem Raum** gelagert werden, da sonst das Gemüse vorzeitig welkt und altert. Gemüse hält sich lange in kühlen, gut durchlüfteten Räumen mit hoher Luftfeuchtigkeit. Um das Lagergut in trockenen Kellern vor dem Welken zu bewahren, legte man früher in Wasser getränkte Ziegelsteine aus, vergaß aber auch nicht, regelmäßig zu lüften.

Sträuße halten lange in der Vase, wenn man die frisch gepflückten Blumen in lauwarmes Wasser stellt und dieses alle zwei Tage wechselt.

auch abends. Die Blütenpracht in der Vase vergeht schnell, wenn man nach längerem Regen oder gar bei praller Sonne pflückt.

- Bevor man die Pflanzen in lauwarmes Wasser stellt, schneidet man weiche Stiele schräg an, hohle wie die von Alpenveilchen zusätzlich quer ein; von holzigen schält man ein Stückchen Rinde ab oder spaltet die Stängelenden mit einem festen Schlag.
- Sträuße sehen besonders lange gut aus, wenn sie alle zwei Tage frisches lauwarmes Wasser erhalten. Wer keine Lust hat, so oft zu wechseln, wirft einen Cent oder einen alten Pfennig in die Vase. Das Kupfer hemmt das Wachstum von Bakterien, die die Stängel zersetzen und den Wassertransport zur Blüte unterbrechen.
- Früher legte man abgeschabte Weidenrinde oder einige zerkleinerte Weidentriebe in das Vasenwasser. Denselben lebensverlängernden Effekt bewirkt eine im Wasser gelöste Aspirin-Tablette. Ein Teelöffel voll Zucker liefert den wurzellosen Pflanzen Nahrung, allerdings auch den Bakterien. Ein kleiner Magnet auf dem Vasenboden erhöht ebenfalls die Haltbarkeit der Sträuße.

Um die Früchte vor Wespen und Amseln zu schützen, tütete man die kostbaren Tafeltrauben einige Wochen vor der Ernte ein.

Dies und Das

Sicher gebettet

Um Erdbeeren vor Fäulnis, Tausendfüßern und Schnecken zu schützen, unterlegte man die Fruchtbüschel mit großen Tonscherben. Kürbissen schob man Brettchen mit trockener Moos-Auflage unter. Tafeltrauben packte man etwa vier Wochen vor der Reife in Gazebeutel, um Wespen auszusperren.

Blühende Zukunft

Voller Spannung erwarteten unsere Vorfahren den Frühling: Hatten die Pflanzen den Winter gut überstanden? Setzen die Obstbäume genügend Blüten an? Wie wird die Ernte im nächsten Jahr ausfallen? Deshalb hat sich mit der Zeit der Brauch eingebürgert, im Februar von den Obstgehölzen Zweige zu schneiden und in die gute Stube zu holen. Wechselte man regelmäßig das Vasenwasser, blühten die Triebe bald auf, und der Gärtner konnte spekulieren, ob das Gartenjahr gut anfing. Obstgehölze tragen verschwenderisch viele Blüten; von Vollertrag spricht man, wenn bei Apfel und Birne 5 % der Blüten Früchte ansetzen, bei Steinobst wie Aprikosen, Pflaumen oder Kirschen 25 %.

Mond-Gärtnern

- Schnittblumen und Ziergehölze für die Vase halten besonders lange, wenn man sie kurz nach Neumond, also bei zunehmendem Mond, erntet.
- Kräuter und alle Salate holt man ebenfalls bei zunehmendem Mond vom Beet.
- Bei zunehmendem Mond geernteter Kopfkohl, Wirsing, Chinakohl oder Rosenkohl hält lange im Lager.
- Sellerie, Rote Rüben, Pastinaken, Kartoffeln, Möhren, Petersilienwurzeln, Meerrettich und anderes Wurzelgemüse, das gelagert wird, erntet man kurz nach Vollmond, also bei abnehmendem Mond.
- Bei abnehmendem Mond gepflücktes Obst bleibt lange frisch und frei von Fäulnis.
- Bäume werden bei abnehmendem Mond geschnitten, damit die Wunden gut und schnell verheilen.

Gartengeräte pflegen

»Gut Werckzeug machet leichte Arbeit.« Obwohl dieses Sprichwort, das vor 500 Jahren gebräuchlich war, heute kaum mehr jemand kennt, sollte die Pflege der Gartengeräte auch für Gärtner des 21. Jahrhunderts selbstverständlich sein.

Nach der Arbeit taucht man Spaten, Hacke oder Pflanzschaufel in einen Eimer mit Wasser und schrubbt sie gründlich mit einer Wurzelbürste oder einem Handbesen mit Naturborsten ab. Drahtbürsten verkratzen das Metall. Nachdem die Sonne oder der Gärtner die Geräte mit einem Lappen gut getrocknet hat, werden sie weggeräumt.
Vor dem Einwintern kontrolliert man auf Roststellen, schmirgelt diese gegebenenfalls ab und ölt die Metallteile ein, um Rost vorzubeugen. Ein praktisch veranlagter Klostergärtner kam auf die Idee, die gesäuberten Geräte vor dem Aufräumen jeweils zwei-, dreimal in einen mit Speiseöl getränkten Eimer mit Sand zu stoßen.
Das Einfetten von hölzernen Stielen mit Leinöl, wie es früher Brauch war, erübrigt sich bei modernen Werkzeugen. Sie sind in der Regel so gut verarbeitet, dass sie selbst bei großer Beanspruchung nicht splittern.

Am Ende des Gartenjahres wurden alle Gartengeräte sorgfältig gereinigt, bei Bedarf repariert, von Rost befreit und vor dem Aufräumen eingeölt.

auf einen blick

- Wer die halbwüchsigen Früchte eintütet, erntet makellose Äpfel, frei von Schorf und anderen Pilzbelägen.
- Pflücken Sie nur trockene Frücht und zunächst nur die Hälfte des Behangs.
- Bewahren Sie Äpfel und Birnen b 3–6 °C und hoher Luftfeuchte au einlagig und mit dem Stiel nach oben.
- Obst und Gemüse getrennt lager Lagerräume regelmäßig lüften!

Bezugsquellen

Abtei Fulda
Nonnengasse 16
36001 Fulda
Tel. 06 61 / 902 45-31
Fax 06 61 / 902 45-45
www.abtei-fulda.de
(Kräuterpulver Humofix, verschiedene Broschüren über Bio-Gärtnern)

Arends Maubach
Stauden & Gartenkultur
Monschaustraße 76
42369 Wuppertal-Ronsdorf
Tel. 02 02 / 46 46 10
Fax 02 02 / 46 49 57
www.arends.de
(Steinquendel, Pflanzen für Beeteinfassungen, großes Sortiment an ungewöhnlichen und alten Staudenarten und -sorten)

Baumschule Baumgartner
84378 Nöham bei Pfarrkirchen
Tel. 0 87 26 / 2 05
Fax 0 87 26 / 13 90
www.baumgartner-baumschulen.de
(Einzigartige Auswahl an Obstgehölzen, viele alte und neue Sorten und ungewöhnliche Arten, 300 Äpfel, 120 Birnen, 60 Kirschen ...)

Blauetikett Bornträger
In den Aspen
67591 Offstein
Tel. 0 62 43 / 90 53 26
Fax 0 62 43 / 90 53 28
www.blauetikett.de
(Reichhaltiges Angebot an Kräutern – Sanikel, Pfefferminze 'Mitcham' und viele andere –, heimischen Wildpflanzen, getrockneten Pflanzen zum Herstellen von Pflanzen-Jauchen und Kräuter-Tees)

Karsten Ellenberg
Bioland Bauernhof
Ebstorfer Straße 1
29576 Barum bei Bad Bevensen
Tel. 0 58 06 / 3 04
Fax 0 58 06 / 12 50
www.kartoffelvielfalt.de
(Kartoffeln 'Bamberger Hörnchen' und rund 100 andere alte und neue Kartoffelsorten. Die alten Sorten 'Sechswochen-' oder lange 'Nieren-Kartoffel' und 'Pflückmölle' gibt es nicht mehr)

Niem-Handel
August-Bebel-Straße 45
64347 Griesheim
Tel. 0 61 55 / 27 90
Fax 0 61 55 / 83 19 57
www.niem-handel.de
(Moos-Extrakt, Neem-Produkte)

Stichwortverzeichnis

Seitenzahlen mit * verweisen auf Abbildungen

Abstandshölzer 26
Abtei Fulda 8*, 9*, 17, 40, 69
Acker-Gauchheil 44
Acker-Minze 44
Acker-Stiefmütterchen 44
Ackerbohnen 14
Ackerschachtelhalm 8, 15, 70
– Brühe 21, 82
Ackerwinde 44
Adonis aestivalis 44
Adonisröschen 44
Aegopodium podagraria 46
Agrostemma githago 44
Ajuga reptans 47
Älchen 23, 65
Algenextrakt 73
Ameisen 13, 64, 66, 69, 71, 72, 74, 75*
Amerikanischer Stachelbeermehltau 69
Amseln 78
Anagallis arvensis 44
Anbinden 57
Anchusa officinalis 44
Anemonenknollen 30
Anhäufeln 55
Apfel-Herz 86*
Apfelsorten 88
Apfelwickler 17, 72
Aprikosen 81, 81*
Arion lusitanicus 28
Aspirin 69, 91
Ätherische Öle 70, 75
Aussaat 11*, 23
Aussaaterde 10

Bäckerhefe 74
Backpulver 69
Baldrian 8
Ballota nigra 44
Bärlauch 17, 17*, 65
Basilikum 12, 64, 69
– Tee 69
Bauernregeln 10, 39, 63, 86
Baumscheibe 16, 61*
Beerenobst 63
Begonien 76, 77
Beinwell 15, 42
Birken 69
Blattläuse 64ff., 66, 69, 71f., 75, 75*
Bleiwurz 28
Blumenkohl 21
Blüte verfrühen 29
Blüte verzögern 29
Blutläuse 17, 72
Böttner, Johannes 87
Bohnen 64
Bohnenkraut 64
Bohnenrost 71
Bohnenstroh 14
Botrytis cinerea 73
Bougainvillea 28
Braunfäule 70
Brennnessel 15, 42, 44, 63
– Jauche 40*, 82
Brombeeren 57, 71
Brunnenwasser 7, 51
Buschbohnen 13

Calamintha grandiflora 35
C. nepetoides 35
Calendula 45
Capsella bursa-pastoris 44
Chenopodium album 44
Convolvulus arvensis 44

Dahlien 11
'Danziger Kantapfel' 88
Dicke Bohnen 13, 13*
Dickmaulrüßler 68
Dill 64
Doldenblütler 12
Drahtkorb 80*
Drahtwürmer 68, 76
Düngejauche 40*
Düngen 37

Edelreiser 79
Ehrenpreis 44
Eichen 69
Eichenlaub 77
Einpflanzen 7, 23
Elßholtz, Johann Sigismund 7
Engerlinge 68
Erbsen 64
Erdbeeren 62*, 71
Erde 10
Erdflöhe 56, 62, 66, 71, 72, 76, 76*
Erdmiete 89*
Erdrauch 44
Erdraupen 68
Ernten 85
Erysiphe 73
Essigbaum-Extrakte 69
Euphorbia lathyris 80

Feuerbohnen 13, 14*
Franzosenkraut 44, 44*
Fröste 83
Frostschutz für Obstbaumblüte 83
Früchte lagern 87*
Fruchtfäule 71
Frühbeetkasten 28, 39*
Fumaria officinalis 44
Futterrüben 77

Galeopsis segetum 44
Galinsoga parviflora 44
Gallmilben 71
Gallmücken 75
Gamander 34, 34*
Gänse 48, 48*
Garten-Erdbeeren 66
Gartengeräte 92
Gelbe Rüben 67*
Gelber Hohlzahn 44
gemulchter Boden 56*
Gemüse 62*
Gemüsefliegen 67, 72
Geranium macrorrhizum 79
Gerstenkörner 15
Giersch 46, 47*
Gießen 50
Gießrand 53
Gießwasser 52
'Goldparmäne' 88, 88*
Grabstock 54

'Grahams Jubiläumsapfel' 88, 88*
Granatapfel 28
Grauschimmel 71, 72, 73
Gründünger 63
Grünkohl 89
Gundermann 43*, 44
Günsel 47
Gurken 21, 64, 69, 74

Hacke 53, 54, 54*, 55*
Handbesen 70
Haselnussbohrer 68
Haselnussstöcke 59
Hasen 79
Haue 54
Heilerde 78
Himbeeren 57
Himbeerkäfer 68
Hirtentäschel 44, 46
Holunder 71, 81
Holzkohle 67
Honig-Wasser 7
Hühner 39, 68, 68*, 77
Humofix 8*, 9

Insekten 68

Jäten 45
Jauche 41*, 42
Joghurt 74
Johannisbeeren 63, 66, 71

Kamelien 28
Kamille 15, 42, 64, 64*
Kamillentee 8
Kaninchen 39, 79
Kapuzinerkresse 17, 17*, 61*, 62, 71
Kartoffel-Wasser 75
Kartoffelkäfer 69
Kartoffeln 21, 21*, 48, 57, 62, 65, 74, 90
– 'Bamberger Hörnchen' 22
– 'Pflückmölle' 22
Kartoffelsorten 22*
Katzen 81
keimhemmende Stoffe 7
Kellerasseln 87
Kerbel 64
Kernobst 15
Kirschbäume 63, 65, 66
Kirschfruchtfliege 17, 65, 68
Klatschmohn 44
Kleestreifen 57
Knoblauch 8, 15, 64, 69, 71, 89
– Tee 15*
Knollenfäule 56, 62
Knöterich 44
Kohl 19, 42, 56, 68, 71
Kohlfliege 62, 67, 71
Kohlrabi 19
Kohlrübe 19
Kohlweißling 62, 65, 66, 67, 68, 71, 72
Kompost 37, 37*, 49
– Platz 37
– Tee 73*
– Wasser 10, 72
Kopfkohl 89*
'Korbiniansapfel' 88
Koriander 62
Kornrade 44
Kräuselkrankheit 66
Kräuter-Extrakt 70
– Sud 9
– Tee 69*
Kräuterbad 7*, 8*
Krautfäule 56, 62, 65, 71, 72, 73, 74, 74*
Kresse 77
Krokusse 78
Kübelpflanzen einsenken 27f.
Kuhmist 9, 38, 82
– Wasser 7
Kümmel 12
Kürbisgewächse 7
Kürbisse 52

Lagern 85
Lamium album 44
Laub-Kompost 37, 38*
Lauch 20, 20*, 64
Lauchmotte 64, 71
Läuse 75
Lavendel 74
Lebensbaum 69
Lehmbrei 15
Levkoje 31, 32*
Licht 11
Liguster 33
Lilien 30, 64
Lilienhähnchen 64
Löwenmäulchen 30
Löwenzahn 43
Lupinen 16, 59*, 64

Maiglöckchen 65
Maiskörner 78
Majoran 64
Mandelweide 57
Mangold 64
Marienkäfer 75
'Maschanzker' 88
Maßhölzer 26
Maulwurf 80
Mäuse 57, 87
Meerrettich 8, 71
Meerschweinchen 39
Mehltau 64, 69, 70, 71, 73
Mentha arvensis 44
Mieten 89
Milben 71
Milch 7, 52, 74
Mischkultur 61*, 62, 62*
Mist 38, 67
– Wasser 10
Mistpackung 39*
Möhren 12, 61, 67*
– einschichten* 90
Möhrenfliege 66, 67, 72
Molke 52
Mond-Gärtnern 34, 58, 92
Mondregeln 61
Monilia 65, 71
Moos-Extrakt 73
Mulch 56
Mulchen 53, 56
Mulchschicht 49*
Muttererde 15
Mutterkraut 31, 31*
Mykorrhiza 15

Nacktschnecken 77*
Narzissen 64
Narzissenzwiebeln 30
Neem-Baum 68*, 69
Nematoden 23, 65
Neuseeländer Spinat 89
Niem 69

Obst lagern 87*
Obstbäume 16, 53, 57, 61*, 64, 65, 91
Obstblüte 83
Ochsenzunge 44
Ohrwürmer 59, 75
Oleander 51, 81
Oregano 64

Papaver rhoeas 44
Paprika 56
Petersilie 67
Pfefferminz-Öl 75
Pfefferminze 17, 65, 67
Pferdebohnen 14
Pfirsich 50, 66, 81
Pflanzabstand 25
Pflanzen-Jauchen 39, 40, 42*
Pflanzenstütze 57*
Pflanzhöhe 18
Pflanzholz 24, 24*, 25, 25*
Pflanzschnur 25, 26, 26*
Pflanztermin 18
Pflücksack 86
Phytophthora infestans 56, 62, 73, 74
Pikieren 23*
Pikierhilfen 24
Pilzkrankheiten 18
Pinzette 24
Plantago lanceolata 44
P. major 44
Plinius der Ältere 75
Polygonum minus 44
P. mite 44
Porree 12, 20, 21*, 64
'Prinzenapfel' 88
Probespritzung 70
Puffbohnen 13, 13*

Quecke 48, 48*, 50*
Quendel 45

Rainfarn 67, 69, 71
– Extrakte 69
– Tee 71*
Rasen-Kompost 38, 38*
Raupen 72
Reben 57, 71
Regenwasser 51, 51*
Regenwürmer 32
Reisig 57*, 59, 78
Rhabarber 71, 75, 78
Rillen ziehen 11*
Rindermist 52
Ringelblumen 17, 45, 62, 65*
Rosmarin 74
Rosskastanien 72
Rost 70
Rote Rüben 43, 64
'Rote Sternrenette' 88, 88*
Rumex acetosella 44

Sackleinen 12, 82
Säen 7
Salat 12, 18*, 19, 62*, 64
Salbei 65, 67, 68, 71
Salix alba 57
S. triandra 57
Salweide 57
Sanicula europaea 35
Sanikel 35, 35*
Saubohnen 14
Sauerampfer 44
Sauerkirschen 63*
Sauerkraut 38
Sauerteig-Wasser 7
Säulchenrost 66
Schachtelhalm 69, 71*, 77
– Brühe 8*
– Tee 69
Schädlinge 71
Schafe 39
Schafgarbe 65, 72, 72*
Schafmist 52
Schafwolle 75
Schildläuse 71, 72
Schilfrohr 23
Schmetterlingsblütler 7, 8*, 16
Schmucklilie 27, 27*
Schnecken 11, 38, 57, 64, 65, 66, 69, 72, 76, 77*
Schneckeneier 68
Schnittholz 79
Schnittlauch 67
Schorf 69, 70
Schwarzbeinigkeit 31
Schwarze Bohnenläuse 13
Schwarznessel 44
Schwebfliegen 75
Schweine 48
Sellerie 19, 62, 64
Senf 17
Spanische Wegschnecke 28
Spargel 63, 64*
Spargelfliege 64
Spinat 57, 64, 89
Spindelbäume 16
Spinnmilben 69
Spitzmäuse 81
Sprühgerät 70
Stachelbeermehltau 69
Stachys byzantina 45
S. palustris 44
Stangenbohnen 13
Stauden 67
Staudenhalter 57, 57*
Steinmehl 41, 73
Steinobst 15
Steinquendel 35

Stellaria media 44
Sternrußtau 70
Stielmangold 89
Storchschnabel 79, 79*
Stricknadeln 23
Stroh 57, 82
Strohmantel 82*
Studentenblume 16*, 17, 45, 65
Sumpf-Ziest 44

Tafeltrauben 91*
Tagetes 16*, 17, 45, 65, 78
Tanacetum parthenium 31
Tauben 39, 79
Taubnessel 44
Teilen 67
Temperaturschwankungen 82
Teucrium chamaedrys 34
Thuja 69, 70*
Thymian 65, 66
Thymus serpyllum 45
Tomaten 19, 43, 52, 56, 56*, 63, 66*, 74, 74*
Tomatenjungpflanzen 63
Tonmehl 82
Tontöpfe 52, 74
Topfpflanzen 27
Treiberei 32
Tulpenzwiebeln 30

Umfall-Krankheit 8, 70
Umgraben 68
Unkraut 43
Urtica dioica 44
U. urens 44

Vase 29, 32, 91
Veilchen 66
Veredlungen 79
Veronica arvensis 44
V. hederifolia 44
V. triphyllos 44
Verpflanzen 18
Viola arvensis 44
Vögel 78
Vogelmiere 44, 45*
Vogeltränken 78

Waldheidelbeeren 15
Waldmeister 65
Walnuss 46
– Laub 77
– Schalen 72
Wegerich 44
Weide 32, 57, 79, 91
Weidenkätzchen 33*
Weidenrinde 69
Weidenruten 57
Weinraute 63, 66, 74
Weiße Taubnessel 44
Weißer Gänsefuß 44
'Weißer Wintercalvill' 85, 85*
Wermut 63, 66, 72, 74, 75
Wildkräuter 56
Wildverbiß 71
'Wiltschire' 88
Winterroggen 63
Wolfsmilch 80
Wollziest 45, 45*
wuchshemmende Stoffe 49
Wühlmaus 71, 80, 80*
Wurmfarn 72, 72*
Wurzelausscheidungen 61
Wurzelläuse 71
Wurzelunkräuter 46

Zentimeterhölzer 26
Ziegen 39
Ziertabak 78
Zimt 74
Zinnkraut 69
Zitronenmelisse 17, 45, 66, 66*
Zitronenverbene 28
Zucchini 74
Zucker 73, 75, 91
– Wasser 7
Zwiebelblumen 67
Zwiebelfliege 72
Zwiebeln 19, 61*, 64, 72

Bildnachweis:

Abtei Fulda: 9
Archiv kraut & rüben: 85
Baumjohann: 11mor, 11or, 11ur, 47u, 52u, 80u
Borstell: 4u, 16, 17o, 30, 58, 60, 65, 66o, 90u
Diez: 46, 11ol, 18m, 18o, 24, 26, 40, 74o, 77o
Dittmer: 13u, 71o
GBA/Didillon: 2, 40, 77u
GBA/GPL: 1, 64o, 21u
GBA/Noun: 38, 52o, 55o, 56o, 86u, 18u, 19, 22
GBA/Wothe: 72o
Hagen: 45o, 70
Oetelshofen: 88m
Pfletschinger/Angermayer: 75
Pforr: 68u, 7, 71u, 72u, 78
PPZ/Zunke: 76
Redeleit: , 11mur, 15, 17ul, 20, 37, 39, 42, 48o, 48u, 49, 50, 51, 53, 54, 55u, 61, 64u, 68o, 69, 88ul, 89, 92
Reinhard: 5, 10, 14, 23, 28, 31, 33, 34o, 35, 36, 41, 43, 44, 45u, 62, 67o, 79, 81o, 81u, 82, 83, 87, 90o
Sammer: 47o, 86o
Stangl: 32, 80o, 91
Stein: 6, 12, 13o, 21o, 34u, 56u, 66u, 74u
Strauß: 27, 29, 57, 59, 63, 84, 88o

Bibliografische Information Der Deutschen Bibliothek

Die Deutsche Bibliothek verzeichnet diese Publikation in der Deutschen Nationalbibliografie; detaillierte bibliografische Daten sind im Internet über http://dnb.ddb.de abrufbar.

2., durchgesehene Auflage

Grafiken: Marlene Gemke, außer Seite 89: Heidi Janiček

BLV Verlagsgesellschaft mbH
München Wien Zürich
80797 München

Umschlaggestaltung:
Studio Schübel, München

Umschlagfotos: Ursel Borstell

Layoutkonzept Innenteil:
Studio Schübel, München

Lektorat: Dr. Thomas Hagen
Herstellung: Hermann Maxant

Layout und DTP: Anton Walter und DTP-Design Walter, Gundelfingen
Reproduktionen:
Repro Ludwig, A-Zell am See

Druck und Bindung:
Stalling GmbH, Oldenburg

Gedruckt auf chlorfrei gebleichtem Papier

Printed in Germany ·
ISBN 3-405-15764-1

Gärtnern im Einklang mit der Natur

Katja Holler/Elisabeth Klimt
Magic – Gärtnern mit der Kraft der vier Elemente
Altes Gärtnerwissen und neue Praxistipps, pfiffig beschrieben und attraktiv gestaltet: Gärtnern nach Sonne und Mond, mit Pflanzen sprechen, das Lebenselexier Wasser nutzen, Energiefelder berücksichtigen, mit Feng Shui gestalten und weitere Aspekte des ganzheitlichen Gärtnerns.

Michel Gros/
Noël Vermont Desroches
Mit dem Mond durchs Gartenjahr
Der richtige Zeitpunkt für alle Gartenarbeiten: Gärtnern in Harmonie mit den Mondrhythmen, Monatskurven mit Kurz-Infos auf einen Blick, Kalendarium für eigene Notizen und Gartenpläne.

Marie-Luise Kreuter
Der Biogarten
Das Original – jetzt wieder topaktuell: das unentbehrliche Standardwerk, verfasst von Deutschlands bekanntester Biogärtnerin; mit Beilage »Pflanzenschutz-Kompass« zum schnellen Bestimmen und Abwehren von Schädlingen und Krankheiten.

Marie-Luise Kreuter
Pflanzenschutz im Biogarten
Selbst gemachte und im Handel erhältliche biologische Pflanzenschutzmittel, Einsatz von Nützlingen und Mischkultur; alle wichtigen Schädlinge und Krankheiten sowie geeignete Abwehrmaßnahmen; Pflanzenschutztabellen für alle Gartenbereiche.

Rolf Würthle (Hrsg.)
Homöopathie für Garten- und Zimmerpflanzen
Der einzige Ratgeber zum Thema – gesündere Pflanzen durch Homöopathie: Anwendung und Wirkung homöopathischer Mittel; Erfahrungsberichte aus Obst- und Gemüsegärten, bei Rosen und Zimmerpflanzen.

Inga-Maria Richberg
Altes Gärtnerwissen wieder entdeckt
Mit einfachen Hilfsmitteln alltägliche Gartenprobleme lösen: Kenntnisse und Erfahrungen, mit denen bereits unsere Vorfahren erfolgreich gärtnerten – überprüft auf den heutigen Wissensstand.

Im BLV Verlag finden Sie Bücher zu den Themen: Garten und Zimmerpflanzen • Natur • Heimtiere • Jagd und Angeln • Pferde und Reiten • Sport und Fitness • Wandern und Alpinismus • Essen und Trinken

Ausführliche Informationen erhalten Sie bei:

BLV Verlagsgesellschaft mbH • Postfach 40 03 20 • 80703 München
Tel. 089/12705-0 • Fax 089/12705-543 • http://www.blv.de